Rolf Coeppicus

Patientenverfügung, Vorsorgevollmacht und Sterbehilfe



KLARTEXT

# Patientenverfügung, Vorsorgevollmacht und Sterbehilfe

Rechtssicherheit bei Errichtung und Umsetzung

Mit Mustertexten und Lexikon der medizinischen und pflegerischen Begriffe

von
Rolf Coeppicus

Bibliografische Information der Deutschen Nationalbibliothek
Die Deutsche Nationalbibliothek verzeichnet diese Publikation in der Deutschen Nationalbibliografie; detaillierte bibliografische Daten sind im Internet über http://dnb.dnb.de abrufbar.



1. Auflage September 2009
2. Auflage Oktober 2016

Satz und Gestaltung: Klartext Medienwerkstatt GmbH, Essen (www.k-mw.de)
Lektorat: Sibylle Brakelmann
Umschlaggestaltung: Nathalie Funken
Titelfoto: © fotolia.de; Fotograf: Tobias Kaltenbach
Druck und Bindung: Multiprint GmbH, Kostinbrod 2230, Slavianska Str. 10 A (BG)

ISBN 978-3-8375-1526-8


www.klartext-verlag.de

KLARTEXT

Friedrichstraße 34 – 38, 45128 Essen
info@klartext-verlag.de, www.klartext-verlag.de

# Inhalt

## Weitere Vollmachten und Verfügungen



## Service

# Einleitung

Viele Menschen sehen bei Angehörigen, Bekannten und/oder in den Medien Schicksale jahrelangen Siechtums bei völliger oder weitgehender Bewusstlosigkeit oder schwerster Demenz. Sie haben dann oft den Wunsch, derartige Zustände bei sich zu verhindern oder wenigstens abzukürzen, und suchen nach Möglichkeiten, entsprechende Entscheidungen im Voraus selbst zu treffen.

In *Patientenverfügungen*[1] kann im Voraus verbindlich festgelegt werden, dass für den Fall der eigenen Handlungsunfähigkeit in konkret beschriebenen Krankheitssituationen ärztliche Behandlungen und Ernährung zu unterbleiben haben (oder auch gewünscht werden).

In einer *Vorsorgevollmacht* kann ein Vertreter bestellt werden, der im Fall des Eintritts der Handlungsunfähigkeit des Ausstellers dessen Angelegenheiten wie z. B. Entscheidungen in medizinischen Fragen, zur Wohnung, zum Aufenthalt, zu ambulanten Hilfen und/oder in finanziellen Angelegenheiten rechtswirksam regeln und organisieren kann. Es kann jeden treffen, dass er durch Unfall, Krankheit oder einfach wegen seines Alters seine Angelegenheiten nicht mehr selbst besorgen kann. Ehegatten und Angehörige sind nur als Bevollmächtigte oder als Betreuer berechtigt, einen Volljährigen zu vertreten.

Ab Seite 14 ist das Muster einer »Patientenverfügung mit Vorsorgevollmacht« wiedergegeben.

Viele Nutzer wollen keine umfangreichen Broschüren und Bücher lesen.[2] Sie wollen ein Muster, das alle infrage kommenden Festlegungen enthält. Dabei wol-

1 Das Patientenverfügungsgesetz ist am 1.9.2009 in Kraft getreten. Der amtliche Name ist »Drittes Gesetz zur Änderung des Betreuungsrechts« (BGBl. I 2009, 2286).

2 Albrecht (in: Hager, S. 52) berichtet, in der notariellen Praxis werde »regelmäßig nur der rechtzeitige Behandlungsabbruch bei Koma und schwerer Demenz verlangt«. Weitere Gedanken wollten sich die Mandanten auch in einem längeren Gespräch selten machen. Die Nachfrager nach Patientenverfügungen seien mehrheitlich Frauen. Ihr größeres Interesse kann damit erklärt werden, dass sie bei der Heirat meist jünger sind als ihre Ehemänner und zudem eine um ca. fünf Jahre höhere Lebenserwartung haben. Ehefrauen werden also in der Regel erst einige Jahre später als ihre Ehemänner pflegebedürftig, können bis dahin ihre Ehemänner pflegen und erleben die Pflegebedürftigkeit ihrer Ehemänner meist noch intensiv. Aus diesen Gründen hat die Errichtung von Patientenverfügungen für Ehefrauen (und andere weibliche Angehörige, denn »die Pflege ist weiblich«) eine besondere Bedeutung.

len sie allerdings auch die Bedeutung und die Auswirkungen dieser Festlegungen erkennen können. Deshalb enthält das folgende Kapitel zusätzlich eine Kurzdarstellung der Regelungen des Patientenverfügungsgesetzes. Außerdem gibt es an jedem Ende eines Kapitels eine »Zusammenfassung«.

Die nachfolgenden Kapitel des Buches enthalten eingehendere Informationen u. a. zum Für und Wider der Errichtung einer Patientenverfügung, zu den möglichen Festlegungen in Patientenverfügungen, zur Bedeutung eines natürlichen Lebenswillens, zum Vorgehen bei Umsetzung einer Patientenverfügung und dazu, wann eine gerichtliche Genehmigung für die Umsetzung einer Patientenverfügung eingeholt werden muss. Es werden Vorschläge für »beschreibende Zusätze« in Patientenverfügungen und für die Überlegungen gemacht, welches Muster einer Patientenverfügung man für sich verwenden will. Es wird dargestellt, dass bei nur mündlichen Willensäußerungen ebenfalls ein Behandlungsabbruch auch mit der Folge des Todes rechtmäßig sein kann. Es werden die rechtlichen Unterschiede zwischen den Festlegungen in einer Patientenverfügung einerseits und der aktiven Sterbehilfe und der Beihilfe zum Suizid andererseits aufgezeigt. Die Regelungen des am 10.12.2015 in Kraft getretenen »Gesetzes zur Strafbarkeit der geschäftsmäßigen Förderung der Selbsttötung« werden dargestellt. Durch die Darstellung aller Fragen zur Sterbehilfe ist das Buch ein kompaktes Nachschlagewerk zu diesen Fragen.

Berücksichtigt ist, dass der BGH mit seiner Entscheidung vom 6.7.2016 konkretere Anforderungen an die Formulierungen in Patientenverfügungen und Vorsorgevollmachten verlangt (siehe Seiten 30, 102). Wegen dieser Entscheidung sind wahrscheinlich in vielen »alten« Patientenverfügungen und Vorsorgevollmachten die Festlegungen der Aussteller nicht mehr rechtlich bindend formuliert, so dass diese Urkunden ergänzt werden müssten.

In einem Lexikon (ab Seite 141) werden die im Zusammenhang mit Patientenverfügungen und Vorsorgevollmachten wesentlichen medizinischen Begriffe und Krankheitssituationen dargestellt. Diese Sachinformationen können hilfreich sein bei der Entscheidung, welche Festlegungen man für sich treffen will.

# Die Patientenverfügung

# 1. Kurzdarstellung des »Patientenverfügungsgesetzes«

- Patientenverfügungen sind *schriftliche* Festlegungen eines einwilligungsfähigen Volljährigen, mit denen er im Voraus für den Fall seiner späteren Einwilligungs*un*fähigkeit in bestimmte, im Zeitpunkt der Festlegung noch nicht unmittelbar bevorstehende Heilbehandlungen oder in ärztliche Eingriffe einwilligt oder sie untersagt.

- Patientenverfügungen sind *verbindlich* und von jedermann (also insbesondere von Ärzten, Pflegenden und Angehörigen) zu beachten. Wer sich über eine rechtsgültige Patientenverfügung hinwegsetzt, handelt rechtswidrig.

- Nach dem »Patientenverfügungsgesetz« gibt es *keine Reichweitenbegrenzung*. In einer Patientenverfügung können deshalb der »Behandlungsabbruch bei Sterbenden«, der »Behandlungsabbruch bei Dauerbewusstlosigkeit« (Koma), der »Behandlungsabbruch bei Demenz« und die »Schmerztherapie mit Sterberisiko« angeordnet werden.

- In einer Patientenverfügung müssen die Situationen, für die die Festlegungen gelten sollen, *genau beschrieben* werden.

- Die erste Voraussetzung für die Durchführung einer ärztlichen Maßnahme ist das Vorliegen einer *medizinischen Indikation*. Eine ärztliche Maßnahme darf nicht durchgeführt werden, wenn die Indikation für diese Maßnahme fehlt. Erst wenn Behandlung und Ernährung indiziert sind, kommt es auf den Patientenwillen an, also darauf an, ob der Patient die Behandlung und die Ernährung will oder ob er sie (mündlich oder schriftlich) verweigert.

- *Wenn ein Vertreter* (Betreuer oder Bevollmächtigter) *bestellt ist*, müssen die vom Arzt vorgeschlagenen Maßnahmen mit dem Vertreter »unter Berücksichtigung des Patientenwillens« erörtert werden. Stimmen die Festlegungen in der Patientenverfügung mit der konkreten Krankheitssituation überein, ist aber unabhängig von diesen Erörterungen der Wille des Patienten zu vollziehen.

- Das Patientenverfügungsgesetz regelt auch den Fall, dass keine Patientenverfügung vorliegt, aber ein Vertreter bestellt ist. Gibt es *keine* Patientenverfügung oder erfassen die Festlegungen in der Patientenverfügung *nicht* die konkrete Krankheitssituation, dann hat nach dem Patientenverfügungsgesetz der Vertreter (wenn denn einer bestellt ist) die »Behandlungs*wünsche* oder den mutmaßlichen Willen« des Patienten festzustellen. Der Vertreter hat auf dieser Grundlage zu *entscheiden*, ob er in ärztliche Maßnahmen einwilligt oder sie untersagt. Die Entscheidungen des Vertreters sind verbindlich. Sie haben die gleiche rechtliche Wirkung wie die Entscheidungen des Patienten selbst. Soll die Vollmacht auch zum Abbruch lebenserhaltender Maßnahmen berechtigen, muss diese Befugnis ausdrücklich und schriftlich erteilt sein.

- Sind Arzt und Vertreter unterschiedlicher Meinung darüber, ob der Abbruch der lebenserhaltenden Maßnahmen dem Patientenwillen entspricht, muss das Betreuungsgericht den Patienten*willen* ermitteln (»*Konfliktfall*«). Entspricht der Abbruch lebenserhaltender Maßnahmen dem Patientenwillen, muss das Betreuungsgericht den Abbruch genehmigen.

- Besteht zwischen behandelndem Arzt und Vertreter »Einvernehmen«, dass der Abbruch lebenserhaltender Maßnahmen den Festlegungen in einer Patientenverfügung oder dem sonst festgestellten Patientenwillen entspricht (»*Einverständnisfall*«), darf das Betreuungsgericht keinen Genehmigungsbeschluss erlassen. Es kann ein »Negativattest« dahin erteilen, dass eine gerichtliche Genehmigung nicht erforderlich ist.

- Besteht Anlass zur Annahme, dass der Vertreter nicht entsprechend den Wünschen und dem Wohl des Patienten handelt, kann jedermann eine *Überprüfung durch das Betreuungsgericht* anregen. Das Betreuungsgericht hat die allgemeine Missbrauchskontrolle.

- Aber: Eine rechtswirksame Patientenverfügung gilt unabhängig davon, ob ein Bevollmächtigter oder Betreuer bestellt oder nicht vorhanden ist. Sie ist auch dann verbindlich, wenn *keine* gerichtliche Genehmigung vorliegt. Denn der Abbruch lebenserhaltender Maßnahmen ist rechtmäßig, wenn der *Abbruch dem urteilsfähig (mündlich oder schriftlich) erklärten oder dem mutmaßlichen Patientenwillen entspricht.* Behandlungen und Ernährung gegen den urteilsfähig gebildeten Patientenwillen wären rechtswidrige Zwangsbehandlungen und Zwangsernährungen.

- Und: Auch wenn die Äußerungen des Patienten *keine* Patientenverfügung im Sinne des Gesetzes sind (etwa wenn die formalen Voraussetzungen fehlen), ist ein ausdrücklich, urteilsfähig geäußerter Patientenwille trotzdem rechtlich verbindlich.

- Niemand kann verpflichtet werden, eine Patientenverfügung zu errichten. Ein Vertragsschluss (z. B. ein Krankenhausaufnahme- oder Heimvertrag) kann nicht von der Errichtung einer Patientenverfügung abhängig gemacht werden. Patientenverfügungen können jederzeit formlos widerrufen werden.

Im Muster dieses Buches »Patientenverfügung mit Vorsorgevollmacht« sind die Festlegungen vorformuliert, die Menschen meist für sich treffen wollen. Der Errichter einer Patientenverfügung sollte sich aber die nachfolgenden beiden Punkte *eingehender überlegen*:

- Zum einen geht es um die Festlegung eines »*Behandlungsabbruchs bei Demenz*« (siehe Seite 26).

- Der Errichter muss weiter überlegen, ob er auch den Abbruch *künstlicher* Ernährung und *künstlicher* Flüssigkeitszufuhr und auch den Abbruch *natürlicher* Nahrung und *natürlicher* Flüssigkeitszufuhr anordnet. Ein Abbruch oder ein Unterlassen von Ernährung und Flüssigkeitszufuhr ist bei Krankheitszuständen wie in dem hier vorgeschlagenen Muster nicht mit einem Leiden verbunden, jedenfalls kann ein Leiden gelindert / verhindert werden (siehe Seiten 30–33).

# Das Muster der Patientenverfügung mit Vorsorgevollmacht*

## A. Patientenverfügung[1]

des / der ..........................................................

..........................................................................

(Vor-, Nachnamen, Geburtsdatum, Geburtsort und Anschrift eintragen)

I. Im Fall meiner Einwilligungsunfähigkeit auf Dauer und wenn bei mir mit an Sicherheit grenzender Wahrscheinlichkeit unumkehrbar[2] vorliegen

☐ der Eintritt des unmittelbaren Sterbeprozesses (*Behandlungsabbruch bei Sterbenden*),
☐ vollständige oder weitgehende Bewusstlosigkeit, Koma oder Wachkoma mit Unfähigkeit zu einer bewussten Wahrnehmung und Verständigung mit der Umwelt (*Behandlungsabbruch bei Dauerbewusstlosigkeit*),
☐ schwerste Demenz oder schwerste Gehirnschädigung mit umfassender Desorientierung, Unfähigkeit zu einer sinnvollen Verständigung mit der Umwelt und Unfähigkeit zu einem selbstbestimmten Leben (*Behandlungsabbruch bei Demenz*),

untersage ich hiermit

☐ lebenserhaltende Maßnahmen (z. B. Wiederbelebung, Bluttransfusionen, künstliche Beatmung, Dialyse, Operationen, Behandlung mit Medikamenten wie z. B. Antibiotika bei Lungenentzündung und anderen Infektionen),
☐ künstliche Ernährung und ☐ künstliche Flüssigkeitszufuhr,[3]

* Kopien für private Zwecke sind erlaubt. Verwertungen über den privaten Gebrauch hinaus nur mit Erlaubnis des Verlags und des Autors!

1 Festlegungen / Anordnungen, die nicht gewollt sind, müssen durchgestrichen werden (auch zur Verhinderung eines Ankreuzens durch Unbefugte).

2 Damit gilt diese Patientenverfügung erst dann, wenn die nachfolgend genannten Krankheitsfolgen unwiederbringlich (irreversibel) eingetreten sind. Solange Heilungschancen bestehen, gilt die Patientenverfügung also nicht.

3 Bei Bewusstlosigkeit hat der Patient kein Hunger- und Durstgefühl. Er leidet also nicht durch das Unterbleiben von Nahrungs- und Flüssigkeitszufuhr.

☐ natürliche Ernährung und ☐ natürliche Flüssigkeitszufuhr.[4]

☐ Diese Anordnungen gelten auch, wenn ich z. B. auf Ansprache, Berührung oder bei der Körperpflege reagiere, ich aber darüber hinaus zu einer sachbezogenen Kommunikation nicht fähig bin.[5]

☐ Meine Anordnungen gelten auch, wenn ich einen natürlichen Lebenswillen zeige.[6]

☐ Im Fall schwerster Demenz (»*Behandlungsabbruch bei Demenz*«) sollen mir natürliche Nahrung und Flüssigkeit wahrnehmbar hingestellt werden. Wenn ich diese Nahrung und Flüssigkeit nicht zu mir nehme und keinen Willen erkennen lasse, sie zu mir nehmen zu wollen, dann ist das zu respektieren. Ich darf dann nicht gefüttert, mir darf keine Flüssigkeit eingegeben und ich darf auch nicht künstlich ernährt und auch nicht künstlich mit Flüssigkeit versorgt werden.

☐ Wenn mein Zustand von den Ärzten als Koma oder Wachkoma diagnostiziert wird, darf ein Abbruch der genannten Maßnahmen erst erfolgen, wenn Koma oder Wachkoma mehr als sechs Monate, im Fall eines Komas durch Gewalteinwirkung mehr als ein Jahr andauern.[7]

II. Ich will wirksame Schmerz- und Leidenslinderung.

☐ Die Schmerzlinderung will ich auch dann, wenn die Schmerzmittel als unbeabsichtigte, unvermeidbare Nebenfolge Bewusstseinsbeeinträchtigungen oder meinen früheren Tod zur Folge haben können (*Schmerztherapie mit Sterberisiko*).

4 Nach allen medizinischen und pflegerischen Fachäußerungen leidet auch der schwer demente Patient nicht durch das Unterbleiben künstlicher und / oder natürlicher Ernährung und Flüssigkeitszufuhr. Ohne Nahrung, aber bei Aufrechterhaltung der Flüssigkeitszufuhr kann der Mensch evtl. monatelang existieren. Ohne Flüssigkeitszufuhr tritt der Tod spätestens innerhalb von sechzehn Tagen ein.

5 Viele Patienten reagieren trotz Bewusstlosigkeit auf Ansprache, Bewegung oder Berührung. Das sind bei Bewusstlosigkeit oder schwerer Demenz in der Regel keine Äußerungen eines Lebenswillens, sondern nur Reflexe.

6 Oft werden Reaktionen / Reflexe des bewusstlosen oder des schwer dementen Patienten als Zeichen eines natürlichen Lebenswillens gedeutet. Es wird dann der Standpunkt vertreten, angesichts dieser Äußerung von Lebenswillen dürfe eine Patientenverfügung nicht umgesetzt werden. Mit dieser Anordnung wird erreicht, dass Patientenverfügungen trotz derartiger Reaktionen / Reflexe gelten und umgesetzt werden können / müssen.

7 Nach sechs Monaten Dauer eines Komas gilt ein Aufwachen als extrem unwahrscheinlich. Ist das Koma durch Gewalteinwirkung hervorgerufen, besteht nach einem Jahr Dauer des Komas eine extrem geringe Wahrscheinlichkeit auf Wiedererlangung des Bewusstseins.

III. Eine Änderung meines hiermit bekundeten Willens darf nur angenommen werden, wenn ich durch konkrete Äußerungen oder Handlungen erkennbar diese Willensänderung äußere und ich dabei einwilligungsfähig bin.

## B. Beschreibende Zusätze und ergänzende Anordnungen

Nachfolgend beschreibe und begründe ich meine Wünsche

☐ und treffe diese ergänzenden Anordnungen:

.....................................................................

.....................................................................

.....................................................................

– weiter auf Beiblatt –

## C. Vorsorgevollmacht in persönlichen und Gesundheitsangelegenheiten

Ich, ..................................................................

.....................................................................,

(Vor-, Nachnamen, Geburtsdatum, Geburtsort, Anschrift und Telefonnummer eintragen)

bevollmächtige hiermit

– meinen Ehemann – meine Ehefrau – meine Kinder – Herrn – Frau

a. ..................................................................

.....................................................................

.....................................................................

b. ..................................................................

.....................................................................

.....................................................................

(Vor-, Nachnamen, Geburtsdatum, Geburtsort, Anschrift und Telefonnummer eintragen) mich in allen höchstpersönlichen, persönlichen und Gesundheitsangelegenheiten und in Angelegenheiten der Aufenthaltsbestimmung zu vertreten. Soweit es zur Regelung und Durchführung dieser Angelegenheiten erforderlich ist, erteile ich ihm / ihr / ihnen Vollmacht, die notwendigen rechtsgeschäftlichen Erklärungen abzugeben und Verträge zu schließen (z. B. Abschluss von Pflege- und Heimverträgen).

Er / Sie kann / Sie können als mein Vertreter / meine Vertreterin / meine Vertreter / -innen mit Wirkung für und gegen mich einwilligen, die Einwilligung verweigern oder die Einwilligung widerrufen[8]

☐ in Untersuchungen meines Gesundheitszustandes, in Heilbehandlungen oder in ärztliche Eingriffe, und zwar auch dann, wenn die begründete Gefahr besteht, dass ich aufgrund der Durchführung der Maßnahme oder aufgrund des Unterbleibens oder des Abbruchs der Maßnahme sterbe oder einen schweren und länger dauernden gesundheitlichen Schaden erleide (§ 1904 I, II BGB),

☐ in natürliche Ernährung und ☐ in natürliche Flüssigkeitszufuhr,

☐ in freiheitsentziehende Maßnahmen durch mechanische Vorrichtungen (z. B. Bettgitter, Bauchgurt), Medikamente oder auf andere Weise (§ 1906 IV BGB),[9]

☐ in Unterbringungen mit freiheitsentziehender Wirkung in Krankenhäusern oder in sonstigen Einrichtungen (§ 1906 I BGB)[10] und ☐ in ärztliche Zwangsmaßnahmen im Rahmen einer Unterbringung.[11]

8 Behandlungen und Ernährung sind rechtlich nur erlaubt mit einer Einwilligung des Patienten selbst oder seines Vertreters. In einer validen Patientenverfügung hat der Errichter selbst rechtswirksam Behandlungen und Ernährung untersagt (oder auch in sie eingewilligt). Hat der einwilligungsunfähige Patient selbst keine Entscheidung getroffen, kann / muss ein Vertreter einwilligen oder eben die Einwilligung verweigern. Mit diesem Text hat der Bevollmächtigte die Vertretungsmacht, auch lebenserhaltende Behandlungen und Ernährungen zu untersagen.

9 Dieser Punkt betrifft »Fixierungen«. Fixierungen können notwendig werden, wenn bei Patienten / Bewohnern die Gefahr besteht, dass sie z. B. stürzen oder sich verlaufen.

10 Dieser Punkt betrifft »Unterbringungen«. Unterbringungen können erforderlich werden, wenn eine Therapie (z. B. bei Alkoholdelir oder Wahn) nur stationär durchgeführt, Gefahren (z. B. bei Suizidalität) nur stationär oder nur durch einen Aufenthalt auf einer geschlossenen Station (z. B. bei »Weglauftendenzen« eines dementen Bewohners) abgewendet werden können.

11 Diese umfangreichen Texte verlangt das Gesetz. Risikobehandlungen, Fixierungen, Unterbringungen und ärztliche Zwangsmaßnahmen müssen außerdem gerichtlich genehmigt werden.

Mein Vertreter/Meine Vertreterin kann/Meine Vertreter/-innen können also auch lebenserhaltende Maßnahmen auch mit der Folge meines Todes untersagen.

Mein Bevollmächtigter/Meine Bevollmächtigte hat/Meine Bevollmächtigten haben die Aufgabe, meine Patientenverfügung durchzusetzen.

Jede von mir bevollmächtigte Person hat Alleinvertretungsbefugnis. Mein Bevollmächtigter/Meine Bevollmächtigte darf/Meine Bevollmächtigten dürfen Untervollmachten erteilen. Mein Bevollmächtigter/Meine Bevollmächtigte haftet/Meine Bevollmächtigten haften nur für Vorsatz und grobe Fahrlässigkeit. Die zur Verschwiegenheit verpflichteten Personen und Behörden entbinde ich gegenüber meinem Bevollmächtigten/meiner Bevollmächtigten/meinen Bevollmächtigten von ihrer Schweigepflicht.

## D. Vollmacht in Vermögensangelegenheiten[12]

Ich bevollmächtige ihn/sie außerdem, mich in allen Vermögensangelegenheiten, soweit eine Vertretung gesetzlich zulässig ist, gerichtlich und außergerichtlich zu vertreten (Generalvollmacht). Diese Vollmacht gilt über meinen Tod hinaus. Ich kann meine Vollmacht jederzeit widerrufen.

☐ Diese Vollmacht berechtigt aber nicht
- ☐ zu Schenkungen (mit Ausnahme von Pflicht- und Anstandsschenkungen),
- ☐ zu Kreditaufnahmen,
- ☐ zum Eingehen von Bürgschaften,
- ☐ zu Verfügungen über Grundbesitz
- ☐ und zu Verfügungen über mein Vermögen im Ganzen.

12 Es kann unerwünscht und unangemessen sein, eine Vollmacht in Vermögensangelegenheiten vorzulegen, die auch eine Patientenverfügung enthält. In diesem Fall sollte eine Vollmacht für Vermögensangelegenheiten in einer separaten Urkunde ausgestellt werden. Das wird meist auch notwendig sein, wenn die Angelegenheiten einen üblichen Rahmen überschreiten und deshalb auch individuelle Anordnungen gewünscht/erforderlich sind. Es sind dann ohnehin notarielle Beglaubigung oder notarielle Beurkundung erforderlich, damit die Vollmacht im Rechtsverkehr anerkannt werden kann.
Bei einer *Generalvollmacht* ist die *Missbrauchsgefahr groß* (siehe Seiten 104, 108).
Dieses Muster einer Vermögensvollmacht enthält im Übrigen nur die notwendigsten Bestimmungen. Weitere Überlegungen betreffen u. a. zusätzliche Vorkehrungen gegen Missbrauch, Einschränkungen des Geltungsbereichs der Vollmacht, Auskunfts- und Rechnungslegungspflichten, das Grundverhältnis zwischen Vollmachtgeber und Vollmachtnehmer, Ersatzvollmachten, Vergütungsfragen, Haftung und Insichgeschäfte (siehe Seiten 105 f.).

## E. Betreuungsverfügung[13]

Für den Fall, dass das Betreuungsgericht für mich einen Betreuer bestellt, soll/ sollen Betreuer werden mein Bevollmächtigter/meine Bevollmächtigte/meine Bevollmächtigten – Herr – Frau

..................................................................

..................................................................
(Vor-, Nachnamen, Geburtsdatum, Geburtsort, Anschrift und Telefonnummer eintragen)

## F. Bevollmächtigte/r[14]

Ich/Wir, ..........................................................

.................................................................,
(Vor-, Nachnamen, Geburtsdatum, Anschrift und Telefonnummer eintragen)

bin/sind bereit, Bevollmächtigter/Bevollmächtigte zu werden.

..................................................................

..................................................................

..................................................................

..................................................................
(Unterschrift des/der Bevollmächtigten mit Ort und Datum)

13 Der Betreuer ist wie ein Bevollmächtigter Vertreter des Betroffenen. Die Betreuungsverfügung hat erst dann eine Bedeutung, wenn der Aussteller einwilligungsunfähig geworden ist und keine Vollmacht erteilt hat oder die erteilte Vollmacht nicht ausreicht. Bei Einrichtung der Betreuung ist das Betreuungsgericht an die Festlegungen des Ausstellers in der Betreuungsverfügung gebunden, es sei denn, es sprechen konkrete, sachliche Gründe z. B. gegen die Bestellung der vom Aussteller vorgeschlagenen Person.

14 Eine Annahme durch den Bevollmächtigten ist rechtlich nicht erforderlich, der Bevollmächtigte muss also nicht unterschreiben.

## G. Unterschrift des Ausstellers / der Ausstellerin[15]

. . . . . . . . . . . . . . . . . . . . . . . . . . . . . . . . . . . . . . . . . . . . . . . . . . . . . . . . . . . . .

. . . . . . . . . . . . . . . . . . . . . . . . . . . . . . . . . . . . . . . . . . . . . . . . . . . . . . . . . . . . .

. . . . . . . . . . . . . . . . . . . . . . . . . . . . . . . . . . . . . . . . . . . . . . . . . . . . . . . . . . . . .

(Unterschrift des Ausstellers / der Ausstellerin mit Ort und Datum)

## H. Bestätigung des Arztes / der Ärztin und von Zeugen – oder notarielle Beurkundung oder notarielle oder betreuungsbehördliche Beglaubigung –

Ich / Wir,

. . . . . . . . . . . . . . . . . . . . . . . . . . . . . . . . . . . . . . . . . . . . . . . . . . . . . . . . . . . . .

. . . . . . . . . . . . . . . . . . . . . . . . . . . . . . . . . . . . . . . . . . . . . . . . . . . . . . . . . . . . .,

bestätige / bestätigen, dass Herr / Frau . . . . . . . . . . . . . . . . . . . . . . . . . . . . . . .

. . . . . . . . . . . . . . . . . . . . . . . . . . . . . . . . . . . . . . . . . . . . . . . . . . . . . . . . . . . . .

diese Urkunde ausgestellt und unterschrieben hat und dabei im Vollbesitz seiner / ihrer geistigen Kräfte war.

. . . . . . . . . . . . . . . . . . . . . . . . . . . . . . . . . . . . . . . . . . . . . . . . . . . . . . . . . . . . .

. . . . . . . . . . . . . . . . . . . . . . . . . . . . . . . . . . . . . . . . . . . . . . . . . . . . . . . . . . . . .

(Arztstempel, Unterschriften des Arztes / der Ärztin und des Zeugen / der Zeugin / der Zeugen, alle mit Ort und Datum)

15 Eine einfache Unterschrift des Ausstellers und die Bestätigung nur durch Zeugen werden meist nicht die erforderliche Beweiskraft für die Echtheit haben (»Hat diese Urkunde wirklich dieser Patient / diese Person ausgestellt und unterschrieben – oder doch jemand anders, sodass die Urkunde eine Fälschung ist?«). Das gilt insbesondere dann, wenn die beabsichtigten Rechtsgeschäfte eine größere Bedeutung haben. In derartigen Fällen muss die Urkunde notariell beglaubigt oder beurkundet oder betreuungsbehördlich beglaubigt werden. Nur dann wird die Urkunde im Rechtsverkehr anerkannt (ist sie »verkehrsfähig«).

# 2. Die Definition der Patientenverfügung

## Was kann in Patientenverfügungen festgelegt werden?

Eine Patientenverfügung ist eine schriftliche Willensäußerung eines einwilligungsfähigen Volljährigen, in der er im Voraus für den Fall seiner späteren Einwilligungsunfähigkeit in bestimmte, zum Zeitpunkt der Festlegung noch nicht unmittelbar bevorstehende Untersuchungen seines Gesundheitszustandes, Heilbehandlungen oder ärztliche Eingriffe einwilligt oder sie untersagt (§ 1901 a BGB).

Die Festlegungen müssen also Untersuchungen, Behandlungen und ärztliche Eingriffe betreffen, die *nicht unmittelbar* bevorstehen. Für Untersuchungen, Behandlungen und Eingriffe, die bevorstehen, von denen also bekannt ist, dass sie durchgeführt sollen (oder auch nicht), gilt der aktuelle Patientenwille.

In der Patientenverfügung müssen zunächst die Krankheitssituationen (z. B. Sterbeprozess, Koma, Demenz) genau geschildert werden, für die man lebenserhaltende Maßnahmen verweigert. Die Krankheiten selbst müssen nicht genannt/geschildert werden, sondern nur die Zustände, die als Folge von Krankheiten eintreten können. Danach müssen die Behandlungen und ärztlichen Maßnahmen genau genannt/bezeichnet werden, die nach Eintritt dieser Situationen nicht durchgeführt werden sollen (z. B. ärztliche Behandlungen, Ernährung). Eine Patientenverfügung liegt nicht vor, wenn lediglich Wünsche oder pauschale Anordnungen genannt werden (siehe Seite 51). Diese Wünsche hat allerdings der vom Verfügenden benannte Vertreter zu berücksichtigen. Außerdem kann sich aus ihnen ein mutmaßlicher Wille des Patienten ergeben.

Die nachfolgenden vier Fälle (»Krankheitssituationen«) können in Patientenverfügungen festgelegt werden:

### Fall eins: Der »Behandlungsabbruch bei Sterbenden«

Unter einem »*Behandlungsabbruch bei Sterbenden*« versteht man den Fall, dass der Sterbevorgang unabänderlich eingesetzt hat, der Patient also Sterbender ist, und lebenserhaltende Maßnahmen unterlassen werden. Ein Patient ist Sterbender, wenn eine oder mehrere vitale Funktionen (z. B. Herz, Kreislauf und Atmung) unumkehrbar versagen, der Tod in kurzer Zeit zu erwarten ist und nicht mehr aufgehalten werden kann. Beim »Behandlungsabbruch bei Sterbenden« lässt man den natürlichen Krankheitsverlauf und Sterbeprozess geschehen und unterlässt Maßnahmen, durch die der Eintritt des Todes hinausgezögert werden könnte.

***Die Bezeichnung dieses Falles:*** Der Abbruch von Behandlung und Ernährung bei Sterbenden wird in der Regel »passive Sterbehilfe«, »Hilfe beim Sterben« oder »Sterbehilfe im engeren Sinn« genannt. Die Formulierung »Abbruch bei Sterbenden« wird hier bevorzugt, weil diese Bezeichnung eher sichtbar macht, um welchen Sachverhalt es sich handelt.

Weil der Sterbevorgang eingesetzt hat und der Tod in kurzer Zeit eintreten wird, darf der Arzt auch in eigener Entscheidung und Verantwortung lebensverlängernde Maßnahmen einstellen. Denn in diesem Fall fehlt für weitere lebenserhaltende Maßnahmen die *Indikation*. Der Arzt muss eine Behandlung verweigern und abbrechen, wenn die medizinische Indikation fehlt (siehe auch Seite 59).

Die medizinische Indikation fehlt, wenn ärztliche Maßnahmen angesichts des unabänderlich eingesetzten Sterbevorgangs sinnlos sind. Sie würden ohne Nutzen für den Sterbenden seinen Todeskampf nur verlängern. Hat die Krankheit einen tödlichen Verlauf angenommen und wird »der Tod in kurzer Zeit eintreten«, so ist dem Arzt (!) der »Verzicht auf lebensverlängernde Maßnahmen wie Beatmung, Bluttransfusion oder künstliche Ernährung« erlaubt.[1] Der Arzt muss keinen Betreuer, keinen Bevollmächtigten und kein Gericht fragen.

Für die Fälle des »Behandlungsabbruchs bei Sterbenden« sind also Patientenverfügungen eigentlich entbehrlich, weil der Abbruch von Behandlung und Ernährung schon wegen fehlender Indikation rechtmäßig ist. Da die Kenntnis dieser Rechtslage aber nicht allgemein bekannt ist, sollte in Patientenverfügungen auch der »Behandlungsabbruch bei Sterbenden« angeordnet werden.

Ein »Behandlungsabbruch bei Sterbenden« ist auch ohne Patientenverfügung eine übliche Handhabung. Wenn weitere Maßnahmen aussichtslos sind, wird oft von Ärzten und Angehörigen übereinstimmend entschieden: »Wir machen nichts mehr!« Das ist bei fehlender Indikation oder entsprechendem Willen des Patienten rechtmäßig.

Der *Unterschied* zwischen einem »Behandlungsabbruch bei Sterbenden« und einer aktiven Sterbehilfe: Beim »Behandlungsabbruch bei Sterbenden« stirbt der Patient *an seiner Krankheit*. Bei aktiver Sterbehilfe stirbt der Patient nicht durch seine Krankheit, sondern *durch ein von seiner Krankheit unabhängiges Handeln oder Unterlassen eines anderen*. Ein derartiges gezieltes Töten – auch als »Mitleidstötung« – ist auch in Fällen Sterbender nicht erlaubt.

*Beispiel:* Bei einem Patienten hat der Sterbevorgang eingesetzt. Nach medizinischem Wissen wird er in wenigen Tagen sterben. Durch intensivmedizinische Maßnahmen könnte man sein Leben um einige Tage oder Wochen verlängern.

1 BGH, NJW 1995, 204.

Das Unterlassen dieser Maßnahmen ist ein erlaubter »Behandlungsabbruch bei Sterbenden«. Würde dem Sterbenden aber eine tödlich wirkende Giftspritze gegeben, wäre dies eine strafbare aktive Sterbehilfe.

### Fall zwei: Der »Behandlungsabbruch bei Dauerbewusstlosigkeit«

Der Fall eines »Behandlungsabbruchs bei Dauerbewusstlosigkeit« liegt vor, wenn der Patient bei unheilbarer Grunderkrankung unumkehrbar vollständig oder weitgehend ohne Bewusstsein ist, er mit medizinischer Behandlung und/oder mit Mitteln wie einer künstlichen Ernährung aber noch viele Jahre leben könnte und ein Abbruch von Behandlung und Ernährung seinem (erklärten oder mutmaßlichen) Willen entspricht. Im Fall eines »Behandlungsabbruchs bei Dauerbewusstlosigkeit« hat der Sterbevorgang also noch nicht eingesetzt, diese Patienten sind keine Sterbenden.

*Beispiel:* Ein Patient hat einen Schlaganfall erlitten. Seitdem ist er bewusstlos. Es steht fest, dass Gehirnbereiche in einem Umfang geschädigt sind, dass er sein Bewusstsein nie mehr wird zurückerlangen können. Mit einer künstlichen Ernährung könnte er noch jahrelang in diesem vegetativen Zustand gehalten werden.

***Zur Bezeichnung dieser Fälle:*** Diese Fälle werden in diesem Buch Fälle eines »Behandlungsabbruchs bei Dauerbewusstlosigkeit« genannt. Von anderen Autoren und in Gerichtsentscheidungen werden sie als »passive Sterbehilfe im weiteren Sinn«, als »Hilfe zum Sterben«, als »Krankheiten mit infauster Prognose« oder als »erweiterte Sterbehilfe« bezeichnet. Hier wird die Bezeichnung »Behandlungsabbruch bei Dauerbewusstlosigkeit« gewählt, weil sie den Sachverhalt und den Unterschied zu den anderen Fällen der Sterbehilfe sichtbar macht. Damit soll auch verhindert werden, dass man in Diskussionen aneinander vorbeiredet, wenn z. B. unter der Bezeichnung »passive Sterbehilfe« einige den Sterbenden meinen, andere aber den Bewusstlosen in organisch stabilem Zustand.

***Koma und Wachkoma:*** Das Muster der Patientenverfügung dieses Buches sieht die Anordnung des Abbruchs von Behandlung und Ernährung für »Bewusstlosigkeit, Koma und Wachkoma« vor. *Koma* und *Wachkoma* sind aber ebenfalls Zustände mit tiefer Bewusstlosigkeit. Die zusätzliche Bezeichnung durch die Begriffe »Koma« und »Wachkoma« ist dennoch sinnvoll, weil in Medizin und Pflege eher diese fachspezifischen Bezeichnungen verwendet werden.

Die Verfasser von Patientenverfügungen wollen vor allem diesen »Behandlungsabbruch bei Dauerbewusstlosigkeit« anordnen. In den ersten fünf veröffentlichten Fällen, in denen Oberlandesgerichte und der BGH über Fälle eines »Behandlungsabbruchs bei Dauerbewusstlosigkeit« entschieden haben, waren die

Pflegebedürftigen mehr als neun Monate,[2] 16 Monate,[3] 32 Monate,[4] vier Jahre[5] und fünf Jahre[6] in diesem Zustand. In einem Fall (»Alt-Oberhausen«) war die Pflegebedürftige ebenfalls seit über fünf Jahren in einem Zustand unabänderlicher Bewusstlosigkeit.

***Abbruch auch, wenn der Patient noch Reaktionen zeigt?*** Eine zentrale Frage ist, ob in einer Patientenverfügung ein »Behandlungsabbruch bei Dauerbewusstlosigkeit« nur für den Fall völliger Bewusstlosigkeit angeordnet werden soll oder schon für einen Zustand einer »weitgehenden Bewusstlosigkeit«.

Das Muster der Verfügung in diesem Buch schlägt die Festlegung eines Behandlungsabbruchs auch für den Fall vor, dass der Patient auf Berührung, auf Ansprache oder bei der Körperpflege noch reagiert, er aber ansonsten kommunikationsunfähig und sich seiner Person und Existenz nicht bewusst ist. In allen Gesprächen mit Pflegenden, Zuhörern und Bekannten bestand Übereinstimmung darin, bei derart geringen Reaktionen keine Behandlung und Ernährung mehr zu wollen.

Dementsprechend haben das LG Waldshut-Tiengen,[7] das LG Heilbronn[8] und das LG Berlin[9] einen (mutmaßlichen) Willen, gerichtet auf den Abbruch lebenserhaltender Maßnahmen, auch in Fällen festgestellt und den Abbruch lebenserhaltender Maßnahmen genehmigt, in denen die Patienten noch (unklare) Äußerungen machten und Reaktionen zeigten (zum mutmaßlichen Willen siehe Seite 79).

***Haben Komapatienten ein Bewusstsein?*** Bei Komapatienten wird es für möglich gehalten, dass sie sich zwar der Außenwelt nicht mitteilen, aber vielleicht das Geschehen um sich herum doch noch wahrnehmen können, sie folglich ein Bewusstsein und einen Lebenswillen haben. Diese Patienten hätten eine andere Erlebniswelt. Niemand wisse, wie die Wahrnehmung und das Empfinden der Komapatienten wirklich seien und welche Lebensqualität der Patient im Wachkoma habe. Der Wunsch nach einem Behandlungs- und Ernährungsabbruch dürfe deshalb auch bei jahrelangem Koma nicht angenommen werden.

Trifft das zu, könnte das Aufrechterhalten einer Existenz im Koma oder im Wachkoma allerdings auch einer Isolationsfolter gleichkommen. Der Patient ist vom Aufwachen an (vorwiegend) allein; er kann sich nicht äußern, hat keine

2 OLG Frankfurt a. M., NJW 2002, 689.
3 BGH, NJW 2003, 1588.
4 »Kemptener Fall«, BGH, NJW 1995, 204.
5 OLG München, NJW 2003, 1743.
6 OLG Karlsruhe, NJW 2002, 685.
7 NJW 2006, 2270, 2271.
8 NJW 2003, 3783.
9 NJW 2006, 3014.

Beschäftigung und nahezu keine Abwechslung. Falls er diesen Zustand wie ein gesunder Mensch wahrnimmt, müsste diese Situation für ihn unerträglich sein. Hat der Komapatient schwere körperliche und seelische Schmerzen, kann er diese nicht mitteilen. Wir können davon ausgehen, dass der Komapatient angesichts seiner Isolation (mutmaßlich) nicht das Leben insgesamt verneint, sondern die folterähnlichen Umstände, unter denen es gelebt werden soll. In keinem der Berichte über ein Aufwachen aus dem Koma ist beschrieben worden, ob und was die Betroffenen im Koma empfunden haben.

***Eine höchst individuelle Entscheidung:*** Jeder muss für sich entscheiden, ob und wie lange er in einem Zustand der Bewusstlosigkeit gehalten werden will. Wer ein jahrelanges Koma ertragen, wer die Chance eines Aufwachens auch nach Jahren wahrnehmen und wer die Möglichkeit eines bewussten Erlebens der eigenen Person und der Außenwelt auch im Koma nicht ausschlagen will, der muss im Muster dieses Buches die Alternative »Behandlungsabbruch bei Dauerbewusstlosigkeit« streichen oder anordnen, dass der Abbruch erst nach vielen Jahren Dauer des Komas erfolgen darf.

Wer aber die Anordnung des Behandlungsabbruchs bei Koma trifft, der nimmt bewusst in Kauf, dass er auf die Chance eines Aufwachens verzichtet. Dies ist rechtmäßig, weil es vom Selbstbestimmungsrecht gedeckt ist.

Ein »Behandlungsabbruch bei Dauerbewusstlosigkeit« sollte auch *erst für den Ablauf einer längeren Dauer der Bewusstlosigkeit* angeordnet und auch nur nach einer längeren Frist durchgeführt werden. Nur dann besteht Sicherheit, dass der Zustand unumkehrbar ist. Bei einem durch Gewalteinwirkung (traumatisch) bedingten Koma besteht nach einem Jahr Dauer, bei einem nicht traumatisch bedingten Koma nach einem halben Jahr Dauer nur eine extrem geringe Aussicht auf Wiedererlangung des Bewusstseins.[10] Bei hypoxischen Hirnschäden gilt die Rückkehr in ein bewusstes Leben als ausgeschlossen. In den Medien wird gelegentlich von Fällen berichtet, in denen Patienten noch nach Jahren aus einem Koma aufgewacht sind. Es fehlen jedoch meist Berichte darüber, wie und mit welcher Lebensqualität diese Patienten in ihr Bewusstsein zurückgekehrt sind und wie sie in den Jahren danach gelebt haben. In einem jüngeren Lebensalter ist die Wahrscheinlichkeit, wieder einen Bewusstseinszustand zu erreichen, größer.

Zum Unterschied zwischen einem »Behandlungsabbruch bei Dauerbewusstlosigkeit« und einer strafbaren aktiven Sterbehilfe siehe Seite 96.

10 Ebenso die Sachverständigen in BGH, NJW 2014, 3572 Rn. 40.

### Fall drei: Der »Behandlungsabbruch bei Demenz«

Demenz ist der Verlust u. a. des Gedächtnisses, der Merkfähigkeit und der Orientierung. In fortgeschrittenem Stadium erkennen Demenzkranke nicht einmal mehr ihre nächsten Angehörigen (sie halten sie für Fremde) und ihre Wohnung (sie meinen, sie seien nicht in ihrer Wohnung), sie können den eigenen Namen nicht mehr angeben und sind unfähig, ihren Alltag zu bewältigen. Ein geistiger Austausch ist nicht möglich. Viele empfinden diesen Zustand als unvereinbar mit ihrer Würde und wollen für den Fall eines solchen Krankheitszustandes den Abbruch lebenserhaltender Maßnahmen. Sie haben den Wunsch, nicht »ohne Verstand« und mit den Ausfallserscheinungen schwerster Demenz leben zu müssen. Sie lehnen das nur rein biologische Weiterleben ab, wenn ihre geistigen Fähigkeiten erloschen sind.

Die nachfolgenden Fälle werden geschildert, um aufzuzeigen, wann eine »schwere Demenz« vorliegt:

- Eine *Mutter* wird in hohem Alter dement. Sie hat nachts bei Mitbewohnern geklingelt und war nur mit Unterwäsche bekleidet auf der Straße. Vom Tod ihres Mannes weiß sie nichts mehr; den Sohn, der ihr gegenüber sitzt, hält sie für tot. Sie freut sich über Besuche. Ihre wenigen Antworten bestehen nur noch aus einzelnen Worten und sind meist inadäquat oder falsch. Sie liegt meist regungslos auf dem Sofa oder im Bett, sie hat die Augen geschlossen oder starrt in die Luft. Reicht man ihr Essen, fragt sie, was sie damit machen soll. Sie muss gefüttert werden, sie ist inkontinent.
- Die Ehefrau des Rhetorikprofessors *Walter Jens* berichtet,[11] ihr Mann sei vier Jahre zuvor zunehmend dement geworden. Er habe inzwischen das Wissen über sich und die Welt verloren, er habe seine Wohnung nicht mehr erkannt und weggewollt. Mit der Pflegerin gehe er gerne einkaufen und schiebe den Einkaufswagen. Er freue sich, »wenn er am Fleischstand ein Leberkäsweckle« bekomme. Er freue sich an Dingen, die er früher als primitiv abgetan hätte. Er könne nicht mehr denken, aber er könne die Zuwendung anderer empfinden. Er sei nicht so unglücklich, »dass man ihm zum Sterben verhelfen sollte«.
- Die Ehefrau des Politikers *Herbert Wehner*, der in seiner aktiven Zeit als Bundestagsabgeordneter viel beachtete Reden hielt, hat berichtet,[12] ihr Ehemann sei mit 77 Jahren antriebsarm und wortkarg geworden, habe zunehmend Wortfindungsschwierigkeiten gehabt und das Gedächtnis verloren. Schließlich habe er den Tag-Nacht-Rhythmus verloren und sei nachts rastlos herumgewandert. Er habe die Toilette nicht mehr gefunden, und es sei »überall gesche-

11 Stern 15/2008.
12 Der Kassenarzt, 7/1999, und Ärztliche Allgemeine, 13/1997.

hen«, auch »auf der Post«. Er sei aber z. B. durch Besuche, mit Erzählen und Vorlesen emotional zu erreichen gewesen.

- Das OLG Karlsruhe[13] hat einen Fall als *»Endzustand einer Demenz«* bezeichnet, in dem die 96 Jahre alte Patientin »ständig bettlägerig und voll pflegebedürftig, zu einer mündlichen Kommunikation nicht mehr fähig« war. Das Gericht entschied, die künstliche Ernährung dieser Patientin dürfe abgebrochen werden, wenn das ihrem mutmaßlichen Willen entspreche.

Überzeugend kann es sein, die eigenen Wünsche im Fall schwerer Demenz in einer erzählenden Form zu beschreiben (siehe Seite 55). Man kann die Einzelheiten der Krankheitsfolgen schildern, die man für sich verhindern will.

***Zulässigkeit einer Anordnung eines »Behandlungsabbruchs bei Demenz«:*** Auch die Anordnung eines Behandlungs- und Ernährungsabbruchs für den Fall einer Demenz ist *rechtswirksam und verbindlich*. Wenn urteilsfähige Patienten mit noch langer Lebenserwartung in voraussichtlich guter Gesundheit lebenserhaltende Maßnahmen verweigern dürfen, auch wenn sie dann unmittelbar sterben,[14] darf ein Patient das erst recht für den Fall schwerster Demenz. Der Gesetzgeber hat eine »Reichweitenbegrenzung« ausdrücklich abgelehnt.

Auch bei der Anordnung eines »Behandlungsabbruchs bei Demenz« wird der Patient nicht voreilig Opfer seiner Anordnungen, denn der Wille der entscheidungsfähigen Patienten hat immer Vorrang (»Willensvorrang«). Außerdem wird man den Zustand zunächst beobachten und erst nach Monaten oder gar erst nach Jahren zu dem Ergebnis kommen, jetzt liege unabänderlich der Zustand »schwerster Demenz« vor.

***Eine höchst individuelle Entscheidung:*** Auch die Anordnung eines »Behandlungsabbruchs bei Demenz« ist eine höchst individuelle Entscheidung. *Sie muss genau bedacht werden*. In der Regel wird die Entscheidung für die Errichtung einer Patientenverfügung dann getroffen, wenn im Verwandten- und Bekanntenkreis Zustände von schwerer Demenz beobachtet werden und man diese Zustände für sich verhindern will. Solche Beobachtungen sind eine Gelegenheit, sich derartige Zustände und ihre Verläufe in allen Einzelheiten und Konsequenzen vor Augen zu führen. Niemand aber weiß, was er selbst in diesem Zustand empfinden wird. Vielleicht wird man auch im Zustand schwerster Demenz leben wollen. Auch angesichts der heute guten äußeren Lebensbedingungen ist ein Lebenswille verständlich.

13 NJW 2004, 1882.
14 BGH, NJW 2014, 3572 Rn. 22; BGH, NJW 1997, 807, 811.

Die obigen Fallschilderungen zeigen, dass Demente eine natürliche Lebensfreude und Lebensbejahung haben können. Sie haben Freude an Zuwendung, an Besuchen, an Spaziergängen, an Essen und Trinken. Trotz des Verlustes ihrer intellektuellen Fähigkeiten bleibt eine Gefühlsebene vorhanden, auf der mit den Kranken kommuniziert werden kann. Sie sind durch Anknüpfen an frühere Interessen emotional zu erreichen (z. B. durch Vorlesen, Musik, Körperkontakt). Sie haben also durchaus glückliche Erlebnisse und Zeiten. Insoweit haben sie Lebensqualität. Sie sind oft auch noch mobil und können in diesem Zustand noch viele Jahre leben.

Der Verfasser einer Patientenverfügung kann davon ausgehen, dass auch er wahrscheinlich im Zustand der Demenz, in dem dann anderen Seinszustand, zufrieden sein wird und keinen Todeswunsch, sondern eine natürliche Lebensbejahung haben wird. Er muss sich die Frage beantworten, ob er trotzdem den Abbruch von Behandlung, Ernährung und Flüssigkeitszufuhr für den Fall schwerster Demenz anordnen will. Andererseits sollte er in seine Überlegungen einbeziehen, ob er auf Dauer gewindelt und gefüttert werden, desorientiert und ohne alle bisherigen geistigen Fähigkeiten leben möchte.

**Unterrichtung des Patienten:** Wichtig ist eine rechtzeitige und offene *Unterrichtung des Patienten* über seine beginnende Demenz und deren Verlauf. Sie ermöglicht dem Patienten, sich rechtzeitig ergänzend zu informieren. Da der Krankheitsverlauf bei Demenz schleichend ist, hat er Zeit, darüber nachzudenken, ob und wie er im Zustand schwerster Demenz leben will. Außerdem kann sich der Patient rechtzeitig mit der Erteilung von Vollmachten, Vererbungsfragen usw. befassen.

Das neu erworbene Wissen kann beim Patienten zu einem »Perspektivwechsel« führen. Er kann nun prüfen, ob er eine Patientenverfügung errichtet oder eine bereits abgefasste Patientenverfügung ändern möchte. Bisher waren schwerste Demenz und vorzeitiger Tod ein abstrakter Fall, der wenig berührte, weil er nicht zu spüren war. Nun ist der Krankheitszustand eingetreten, man fühlt die persönliche Bedrohung unmittelbar und ohne den Widerruf bisheriger Anordnungen ist der Tod durch einen Behandlungsabbruch näher als notwendig. Möglicherweise will man nach diesen Informationen erst recht einen »Behandlungsabbruch bei Demenz« oder umgekehrt, angesichts einer wahrscheinlich natürlichen Lebensbejahung, doch keinen Behandlungsabbruch bei Demenz.

### Fall vier: »Schmerztherapie mit Sterberisiko«

Eine »Schmerztherapie mit Sterberisiko« ist die »ärztlich gebotene schmerzlindernde Medikation entsprechend dem erklärten oder mutmaßlichen Patientenwillen«, wenn bei unerträglichen Schmerzen das Schmerzmittel »als unbeabsichtigte, aber in Kauf genommene unvermeidbare Nebenfolge den Todeseintritt beschleunigen kann«. *Die »Schmerztherapie mit Sterberisiko« ist zulässig und straflos.* Die »Ermöglichung eines Todes in Würde und Schmerzfreiheit gemäß dem erklärten oder mutmaßlichen Patientenwillen ist ein höherwertiges Rechtsgut als die Aussicht, unter schwersten, insbesondere sog. Vernichtungsschmerzen noch kurze Zeit länger leben zu müssen«.[15]

***Zur Bezeichnung dieser Fälle:*** Diese Fälle werden in allen Gerichtsentscheidungen und fachlichen Äußerungen als »indirekte Sterbehilfe« bezeichnet. Diese Wortwahl erweckt den Anschein, dass eine Hilfe zu einem vorzeitigen Sterben geleistet wird. Tatsächlich zielt diese medizinische Behandlung aber gerade *nicht auf das Sterben*, sondern verfolgt ausschließlich das *Ziel der Schmerzbehandlung*. Die Wortwahl »Schmerztherapie mit Sterberisiko« bringt eher zum Ausdruck, dass es nicht um Hilfe zu einem vorzeitigen Sterben geht, sondern ausschließlich um eine Therapie (Schmerzbehandlung), die allerdings im Einzelfall nur unter Inkaufnahme eines erhöhten Sterberisikos effektiv sein kann. Bei einer Bezeichnung, die den Vorgang nicht bereits aus der Benennung erkennbar macht, werden die Tatbestände leicht verwechselt.

Wegen der Nebenwirkungen von Schmerzmitteln kann es u. a. zu Beeinträchtigungen der Atmung, des Kreislaufs, der Herztätigkeit und zu Bewusstseineintrübungen kommen. Deshalb können Schmerzmittel das Leben verkürzen. Die Medikation muss zur Schmerzlinderung notwendig und medizinisch indiziert sein und darf die zur Schmerzlinderung erforderliche Dosis nicht überschreiten.[16] Ist die Sedierung zur Schmerzlinderung nicht erforderlich oder überschreitet sie die erforderliche Dosis, kann ein Tötungsdelikt (fahrlässig oder vorsätzlich) vorliegen.

Meist ist die Schmerztherapie aber lebensverlängernd, weil die negativen Auswirkungen der Schmerzen beseitigt werden (z. B. durch Vermeidung von Stress durch die Schmerzen oder wegen Kraftschöpfung durch erholsamen Schlaf aufgrund der Sedierung). Hat die Schmerztherapie den erhofften Erfolg, verlieren sich meist der Wunsch und das Bedürfnis nach Sterbehilfe.

Die Befürchtung, der Patient könne durch die schmerzlindernde Medikation süchtig werden (Morphium), ist angesichts des meist fortgeschrittenen Lebensalters und der krankheitsbedingt niedrigen Restlebenserwartung weitgehend unbegründet. Der Patient hat jedenfalls ein Recht auf Schmerzlinderung. Unzureichende Schmerzlinderung kann strafbare Körperverletzung sein.

15 BGH, NJW 1997, 807, 810.
16 »Symptombezogener Einsatz«, Verrel, C 106, C 108.

***Die terminale Sedierung:*** In Fällen mit unzumutbaren schwersten Schmerzen und Symptomen, bei denen eine effektive Schmerzbehandlung nicht möglich ist, ist dem Patienten die Sedierung, ggf. die »*terminale Sedierung*« (permanente Ausschaltung des Bewusstseins, künstliches Koma) anzubieten. Diese Sedierung kann und sollte zunächst in Intervallen erfolgen, sodass der Kranke nach dem Aufwachen seine Entscheidung erneut überdenken kann. Es kann z. B. sein, dass der Patient Wert auf Erhaltung seiner Bewusstseinsklarheit legt und dafür Schmerzen und Leiden in Kauf nimmt.

Der *Unterschied* zwischen einer »Schmerztherapie mit Sterberisiko« und einer strafbaren aktiven Sterbehilfe: Im Rahmen einer indizierten Behandlung darf der Patient Nebenwirkungen in Kauf nehmen (wie z. B. das Risiko eines tödlichen Zwischenfalls bei einer Operation). Dies gilt auch bei einer Schmerztherapie. Außerdem wird bei der »Schmerztherapie mit Sterberisiko« das Schmerzmittel mit dem Ziel und der Absicht der Schmerzlinderung gegeben und nicht, um den Patienten zu töten. Die Schmerztherapie ist eine *Behandlung*. Weder Arzt noch Patient wollen den Tod. Bei der aktiven Sterbehilfe ist das Ziel der Tod des Menschen durch Maßnahmen, die keine Behandlung sind (z. B. Gift, tödliche Spritze).

**Wenn die konkrete Krankheitssituation festgelegt worden ist, muss anschließend festgelegt werden, welche medizinischen Behandlungen und ob auch Ernährung und Flüssigkeitszufuhr untersagt werden sollen.**

Nach der Entscheidung des BGH vom 6. 7. 2016 (XII ZB 61/16, Rn. 47 und 48) reicht es nicht aus, wenn in einer Patientenverfügung nur allgemein formuliert ist, dass »lebenserhaltende Maßnahmen« oder »lebensverlängernde Maßnahmen« zu unterbleiben haben. Das sind nach BGH keine konkreten Behandlungsentscheidungen wie sie vom Gesetz gefordert werden. Mit derartigen Formulierungen sei in einer Patientenverfügung u. a. der Abbruch einer künstlichen Ernährung nicht bindend festgelegt. Wer also in einer Patientenverfügung lediglich festlegt, dass »lebenserhaltende Maßnahmen« zu unterbleiben haben, der hat damit nicht auch den Abbruch der künstlichen Ernährung angeordnet. Liegen keine sonstigen Äußerungen des Patienten vor, muss er weiter künstlich ernährt werden. Konkrete Festlegungen zu Behandlungsentscheidungen enthält das Muster dieses Buches, siehe Seiten 14 und 15.

***Der Abbruch nur medizinischer Maßnahmen***

Nach § 1901 a I BGB können in einer Patientenverfügung »Heilbehandlungen oder ärztliche Eingriffe« untersagt werden. Es können also z. B. Reanimation, künstliche Beatmung, Operationen oder eine antibiotische Behandlung untersagt werden, und zwar eben auch mit der Folge des Todes.

***Abbruch auch der Ernährung und der Flüssigkeitszufuhr?***

In einer Patientenverfügung können rechtswirksam auch eine künstliche Ernährung und Flüssigkeitszufuhr untersagt werden.[17] Bereits im »Kemptener Fall« (NJW, 1995, 204) hat der BGH unter einem »Behandlungsabbruch« auch den Abbruch einer künstlichen Ernährung verstanden. In einem anderen Fall hat der BGH die Festlegung der »Einstellung der Ernährung« in einer Patientenverfügung wie selbstverständlich für richtig und verbindlich angesehen (Wortlaut siehe Seite 130). Er hat ausgeführt:[18] Die »gegen den erklärten Willen des Patienten durchgeführte künstliche Ernährung ist folglich eine rechtswidrige Handlung, deren Unterlassen der Patient ... verlangen kann. Dies gilt auch dann, wenn die begehrte Unterlassung – wie hier – zum Tode des Patienten führen würde«.[19]

Auch in der »Formulierungshilfe Patientenverfügung« des Bundesministeriums der Justiz von September 2005 (S. 6 und 8) heißt es, dass im Fall »eines sehr weit fortgeschrittenen Hirnabbauprozesses (z.B. bei Demenzerkrankung)« auch der Abbruch der künstlichen Ernährung und »die Unterlassung jeglicher künstlicher Flüssigkeitszufuhr« in einer Patientenverfügung angeordnet werden kann.

In einer Patientenverfügung können also rechtswirksam auch Beginn und Fortführung künstlicher Ernährung und Flüssigkeitszufuhr untersagt werden. Und weiter: Hat der Patient in seiner Patientenverfügung das Unterlassen lebenserhaltender Maßnahmen mit den Worten »Heilbehandlung oder ärztliche Maßnahmen« angeordnet, dann hat er damit auch die künstliche Ernährung und die künstliche Flüssigkeitszufuhr untersagt.

***Können in einer Patientenverfügung auch der Abbruch der natürlichen Ernährung und der natürlichen Flüssigkeitszufuhr angeordnet werden?***

Es gibt bisher keine Gerichtsentscheidungen, ob der Abbruch auch der natürlichen Ernährung und Flüssigkeitszufuhr in einer Patientenverfügung rechtswirksam angeordnet werden kann.

Der einwilligungsfähige Patient hat das Recht, auch die *natürliche* Nahrungs- und Flüssigkeitszufuhr zu verweigern. Diese dürfen dann nicht gegen seinen Willen durchgeführt werden.[20] Diese Verweigerung kann er rechtswirksam auch im Voraus in einer Patientenverfügung treffen. Ernährung und Flüssigkeitszufuhr entgegen diesen Anordnungen wären eine rechtswidrige Zwangsernährung (siehe auch Seite 59). In einer Patientenverfügung können also rechtswirksam auch

17 BGH, NJW 2014, 3572 Rn. 12, 22.
18 BGH, NJW 2003, 1588, 1589.
19 BGH, NJW 2005, 2085.
20 So auch Verrel, C 78; siehe auch den Fall »Heyerdahl«, Seite 46.

Unterlassen und Abbruch von natürlicher Ernährung und natürlicher Flüssigkeitszufuhr angeordnet werden.

***Soll der Verfasser einer Patientenverfügung auch den Abbruch von Ernährung und Flüssigkeitszufuhr anordnen?***

Ein unumkehrbares Siechtum mit unumkehrbarer Bewusstlosigkeit oder ein Zustand schwerster Demenz können sich bei stabilen internistischen Funktionen über Jahre hinziehen. Der Errichter einer Patientenverfügung muss entscheiden, ob er diese Zustände durch den Abbruch der Ernährung und der Flüssigkeitszufuhr und damit vor Eintritt des Todes aus anderen Gründen beendet haben will.

***Der Abbruch nur der Ernährung***

Durch den Abbruch der Ernährung bei Fortführung der Flüssigkeitszufuhr tritt der Tod erst nach vielen Wochen oder Monaten ein. In dieser Zeit wird der Sterbewillige zusätzlich wegen des Ausbleibens der Kalorienzufuhr schwächer, er kann schließlich nicht mehr aufstehen, die Unterernährung führt u. a. zu mangelhaft heilenden Druckgeschwüren. Er wird noch hinfälliger und noch mehr zum Pflegefall – er leidet also noch mehr.[21] Gerade dem Leiden wollte der Patient aber entgehen. Das Sterben durch Verhungern wäre wegen seiner Dauer für die Angehörigen und die Pflegenden zusätzlich belastend.

***Der Abbruch der Flüssigkeitszufuhr***

Der Abbruch *nur* der Ernährung macht also keinen Sinn. Der Tod würde bei gleichzeitiger Fortführung der Flüssigkeitszufuhr erst in Wochen oder Monaten eintreten. Ohne Flüssigkeitszufuhr kann ein Mensch höchstens sechzehn Tage überleben. *Deshalb hat der Abbruch der Flüssigkeitszufuhr eine besondere Bedeutung.* Denn bei entsprechendem, urteilsfähigem Patientenwillen ist er legal, er ist eine wirksame und sichere Methode und er muss nicht mit Leiden oder Schmerzen verbunden sein.[22]

Im Muster dieses Buches ist die Möglichkeit vorgesehen, den Abbruch auch der Flüssigkeitszufuhr ausdrücklich anzuordnen. Die Gerichte verlangen diesen unmissverständlichen Wortlaut mit der Begründung, die Anordnung eines Abbruchs z. B. mit den Worten »*lebenserhaltender* Maßnahmen« stelle nicht eindeutig klar, ob damit auch der Abbruch der *Flüssigkeits*zufuhr gemeint sei.[23]

21 So auch die Sachverständigen in LG Ellwangen, FamRZ 2004, 732, 734.
22 Wanzer / Glenmullen, S. 128, 134.
23 OLG Düsseldorf, FamRZ 2008, 1288. Das LG Ellwangen, NJW 2004, 732, 734, und das LG Waldshut-Tiengen, NJW 2006, 2270, 2271, haben in Fällen der Dauerbewusstlosigkeit ausdrücklich auch den Abbruch der Flüssigkeitszufuhr genehmigt.

***Leidet der Kranke durch den Abbruch der Flüssigkeitszufuhr?***
Bei Sterbenden ist der Abbruch von Ernährung und Flüssigkeit in der Regel nicht leidvoll.[24]

In Fällen des »*Behandlungsabbruchs bei Dauerbewusstlosigkeit*« ist der Abbruch von Ernährung und Flüssigkeitszufuhr nicht problematisch, weil der Kranke wegen seiner Bewusstlosigkeit Hunger und Durst nicht spürt.[25]

Nach übereinstimmenden Berichten in der medizinischen und in der Pflegefachliteratur empfinden auch *Demenzkranke* Hunger und Durst nicht oder nur noch wenig, wenn sie nach Essen und Trinken *nicht* verlangen. »Demente empfinden in der Regel keinen Hunger oder Durst, das heißt, sie leiden bei guter Mundpflege nicht, auch wenn sie objektiv ungenügend mit Flüssigkeit und Nahrung versorgt werden.«[26]

Im *Alter* sind Hunger- und Durstgefühl stark gemindert, weshalb trotz Unterernährung und Austrocknung Hunger und Durst weniger oder nicht mehr empfunden werden.[27] Fasten und Austrocknung »sind im Alter nicht mit subjektivem Leiden verbunden, sondern gewähren gute Palliation und wirken ähnlich wie die Gabe von Opiaten«.[28] »Längeres Fasten führt bei ihnen nicht zu unangenehmen Empfindungen, Schmerzen oder Leiden, sondern bewirkt eher eine deutliche Stimmungsstabilisierung mit dem Gefühl innerer Harmonie, Leichtigkeit und manchmal sogar Euphorie.«[29] Der Alterspatient, der Nahrung und Trinken verweigere, habe keinen Hunger und keinen Durst, wenn Hunger und Durst erkennbar nicht mehr empfunden werden. Auch wenn er an Flüssigkeits*mangel* sterbe, leide er nicht unter Durst. Anders ist es bei jungen und weitgehend gesunden Menschen. Für sie ist ein Verzicht auf Ernährung und Flüssigkeit kaum auszuhalten.[30]

Durst*gefühle* entstehen durch Austrocknen der Mundschleimhaut (sie entstehen nicht durch das Austrocknen des Körpers) und können durch entsprechende Mundpflege (Anfeuchten des Mundes, Einsprühen von Speichelersatz) gelindert werden.[31] Das unangenehme bis schmerzhafte Durstgefühl durch Austrocknen des Mundraums entspricht einer Alltagserfahrung, wenn wegen Verstopfung der

24 Bickhardt/Hanke, DÄBl. 2014, A 590, A 591.
25 Wie offenbar im »Kemptener Fall«, BGH, NJW 1995, 204. So auch die Sachverständigen in BGH v. 6.7.2016, XII ZB 61/16, Rn. 11.
26 Wettstein u. a., S. 10.
27 Wojnar/Perrar, S. 8, 12, 19.
28 Wettstein u. a., S. 137.
29 Wojnar/Perrar, S. 15, 51; Borasio, Der Spiegel 44/2014, S. 135, 136; Chabot/Walther, S. 65, 66.
30 Chabot/Walther, S. 14.
31 Chabot/Walther, S. 68–71; Borker, S. 89.

Nase durch den Mund geatmet werden muss. Die Gabe von Flüssigkeit an sich mindert das Durstgefühl nicht.

Sollte der Kranke trotzdem unter Durst leiden, können Leiden und Schmerzen durch entsprechende Medikation verhindert werden. Morphium und Schlafmittel z. B. führen zu einem schläfrigen Zustand, der das Durstgefühl verhindert oder lindert.[32] Die zunehmende Austrocknung führt zu (weiterer) Bewusstseinseintrübung, in der Durstgefühle nicht mehr wahrgenommen werden (siehe auch Lexikon unter »Künstliche Ernährung«, »Ernährung, Abbruch« und »Flüssigkeitszufuhr, Abbruch«).

***Die Vorgehensweise beim Abbruch von Ernährung und Flüssigkeitszufuhr***

Hat der Patient auch den Abbruch von Ernährung und Flüssigkeitszufuhr angeordnet, liegt für Ärzte, Pflegende und Angehörige eine schwierige Situation vor, wenn der Kranke mit Füttern oder mit künstlicher Ernährung ohne Weiteres noch längere Zeit am Leben gehalten werden könnte. Dann sollte so verfahren werden: Dem Dementen sollten Nahrung und Flüssigkeit wahrnehmbar hingestellt werden. Wenn er die Nahrung und die Flüssigkeit selbst zu sich nimmt oder er erkennbar essen und trinken will, dann ist das zu akzeptieren, und man sollte ihm weiter Nahrung und Flüssigkeit hinstellen. Der Patient will mutmaßlich nicht leiden. Isst und trinkt der Patient selbst *nicht* und entspricht das seinen Anordnungen in einer validen Patientenverfügung, dann ist das wegen seines urteilsfähig gebildeten Willens zu respektieren. Durch das Anbieten von Nahrung und Flüssigkeit wird den Beteiligten die Teilnahme und die Anteilnahme am Abbruch von Behandlung und Ernährung erleichtert, denn sie haben auch den natürlichen Lebenswillen des Kranken respektiert. Obwohl er nicht isst und trinkt, wird er sehr wahrscheinlich nicht leiden, und er wird den Eindruck friedlichen Einschlafens machen. Es muss immer geprüft werden, ob Nahrungs- und Trinkverweigerung behebbare Ursachen haben, der Patient also sehr wohl noch essen und trinken will (siehe dazu Seite 74). *Unverzichtbar* sind Informationen über die Probleme, die beim Unterbleiben von Ernährung und Flüssigkeitszufuhr aufgetreten können, und die Möglichkeiten, sie zu beherrschen (z. B. in dem Buch von Chabot/Walther).

***Sind Ernährung und Flüssigkeitszufuhr eine Basisversorgung?***

Vielfach wird der Standpunkt vertreten, die Ernährung eines Menschen gehöre zur Basisversorgung, die niemals beendet werden dürfe. Eine Ernährung darf aber nicht durch- oder fortgeführt werden, wenn die Einwilligung des Patienten fehlt.[33]

32 Wanzer/Glenmullen, S. 45, 128–130; Synofzik, DÄBl. 2005, 2079, 2081.
33 BGH, NJW 2010, 2963 Rn. 18, 27, 31.

Zur Basisversorgung gehören also die Ernährung und die Flüssigkeitszufuhr nicht, wenn der Patient sie rechtswirksam verweigert hat.

Wer eine Patientenverfügung errichtet hat, verzichtet damit nicht auf die Basisversorgung wie z. B. die Linderung von Schmerzen, Angst, Atemnot und die Körperpflege. Der Patient will mutmaßlich Leidensminderung.

**Zusammenfassung**

- In Patientenverfügungen können der »Behandlungsabbruch bei Sterbenden«, der »Behandlungsabbruch bei Dauerbewusstlosigkeit«, der »Behandlungsabbruch bei Demenz« und die »Schmerztherapie mit Sterberisiko« festgelegt werden.
- Ein *»Behandlungsabbruch bei Sterbenden«* liegt vor, wenn der Sterbevorgang unumkehrbar eingesetzt hat, der Patient also Sterbender ist.
- Ein *»Behandlungsabbruch bei Dauerbewusstlosigkeit«* liegt vor, wenn der Patient bei unumkehrbarer Grunderkrankung unumkehrbar völlig oder weitgehend ohne Bewusstsein ist, er mit Behandlung und / oder mit künstlichen Mitteln wie einer künstlichen Ernährung aber noch viele Jahre leben könnte. Der Sterbevorgang hat noch nicht eingesetzt.
- Ein *»Behandlungsabbruch bei Demenz«* liegt vor, wenn der Patient für den Fall unumkehrbarer, schwerster Demenz den Abbruch lebenserhaltender Maßnahmen angeordnet hat.
- Eine *»Schmerztherapie mit Sterberisiko«* ist die ärztlich gebotene, schmerzlindernde Medikation eines Kranken gemäß seinem erklärten oder mutmaßlichen Willen, wenn bei unerträglichen Schmerzen das Schmerzmittel als unbeabsichtigte, aber in Kauf genommene, unvermeidbare Nebenfolge den Todeseintritt beschleunigen kann.
- In Patientenverfügungen können nicht nur die Verweigerung und der Abbruch medizinischer Maßnahmen, sondern auch die Verweigerung und der Abbruch künstlicher Ernährung und künstlicher Flüssigkeitszufuhr und auch die Verweigerung und der Abbruch natürlicher Ernährung und natürlicher Flüssigkeitszufuhr angeordnet werden.
- Beim Abbruch von Ernährung und Flüssigkeitszufuhr bei Dauerbewusstlosigkeit oder bei schwerster Demenz leidet der Patient meist nicht, jedenfalls können Leiden und Schmerzen verhindert / gelindert werden.

# 3. Warum sind Patientenverfügungen und Vorsorgevollmachten notwendig?

## Die Wahrscheinlichkeit eines Siechtums ist groß

Die Folge von Erkrankungen wie Schlaganfall, Herzinfarkt oder Hirnabbau ist oft ein jahrelanges, unumkehrbares Siechtum. Dieses Siechtum besteht in Bewusstlosigkeit oder in schwerer Demenz, in Bewegungsunfähigkeit, Bettlägerigkeit mit zweistündlichem Umlagern, mehreren Erkrankungen gleichzeitig, Leiden, Zerfall, völliger Abhängigkeit von anderen, Fütterungsbedürftigkeit, Inkontinenz, demütigenden Umständen und ohne Hoffnung auf Besserung. Die Wahrscheinlichkeit eines solchen Siechtums ist groß. Jeder Fünfte wird über längere Zeit schwerstpflegebedürftig. Für viele ist die Vorstellung unerträglich, nur noch über »Kabel und Schläuche« in einem Zustand unumkehrbarer Kommunikationsunfähigkeit zu existieren.

## Die Fortschritte der Medizin – Vorteile und negative Folgen

Wegen der Fortschritte der Medizin und der Intensivmedizin ist jahrelanges Siechtum bei unabänderlicher Bewusstlosigkeit zu einem typischen Zustand bei der Pflege im Heim und zu Hause geworden. Ein Grund dafür ist u. a. die künstliche Ernährung über PEG-Sonden, die zwischen 1990 und 1995 flächendeckend in Deutschland eingeführt worden ist. Zurzeit werden in Deutschland 200.000 bis 500.000 Menschen dauerhaft über PEG-Sonden künstlich ernährt. Auch dauerhaft Bewusstlose können noch lange künstlich in einem vegetativen Zustand gehalten werden, unfähig zur Kommunikation und zur Wahrnehmung ihrer Umwelt. Man kann sagen: Es wird nicht das Leben, sondern es wird das Sterben verlängert.

Zu fragen ist nach dem Sinn von lang dauernder Bewusstlosigkeit, Bewegungsunfähigkeit, allmählichem Verfall und schwerster Pflegebedürftigkeit. Sollen diese Zustände aufrechterhalten werden, bis der Tod auch ohne Abbruch der Behandlung eintritt, oder soll für den Fall derartigen Siechtums im Voraus ein Abbruch lebenserhaltender Maßnahmen angeordnet werden?

## Der Ausweg ist die Errichtung einer Patientenverfügung

Wer ein solches Siechtum für sich verhindern will, muss seinen Willen rechtzeitig im Voraus in einer Patientenverfügung festlegen. Ziel einer Patientenverfügung ist es, medizinische und pflegerische Maßnahmen zu untersagen, die aus Sicht des Errichters nicht mehr sinnvoll sind, weil sie sein unabänderliches Siechtum, sein

Leiden und/oder sein Sterben nur verlängern würden. Es besteht dann der Wunsch nach einem »würdevollen« Tod. Die Patientenverfügung gibt rechtliche Sicherheit.

## Auch die Nichterrichtung einer Patientenverfügung ist eine Entscheidung

Auch wer keine Patientenverfügung errichtet, trifft eine Entscheidung für den Fall seiner Bewusstlosigkeit auf Dauer oder der schweren Demenz. Wegen des Grundsatzes »Im Zweifel für das Leben« wird er wahrscheinlich jahrelang mit künstlichen Mitteln in einem Zustand unabänderlicher Bewusstlosigkeit oder schwerster Demenz gehalten werden. Wer keine Patientenverfügung errichtet, trifft also eine Entscheidung dahin, dass sein Siechtum so lange verlängert wird, bis der Tod aus anderen Gründen eintritt.

## Patientenverfügungen entlasten das Gewissen von Angehörigen und Ärzten

Wer sich für eine Patientenverfügung entscheidet, entlastet damit auch das *Gewissen* von Ärzten und Angehörigen. Mit der Patientenverfügung entscheidet der Patient selbst, ob und unter welchen Umständen lebensverlängernde Maßnahmen abgebrochen werden sollen. Da die Entscheidung über den Abbruch von Behandlung und Ernährung *vom Patienten selbst* getroffen ist, können Angehörige, Ärzte und Vertreter des Patienten diese Entscheidung nicht mehr treffen. Sie werden dadurch von der bedrückenden Verantwortung entlastet, selbst über Leben und Tod des Patienten bzw. Angehörigen entscheiden zu müssen.

Deshalb sind Überlegungen dahin, keine Patientenverfügung zu errichten, sondern nur eine Vorsorgevollmacht auszustellen, weil der Bevollmächtigte es schon »richtig« machen werde, eine problematische Verlagerung der Verantwortung auf andere. Man mutet damit dem Bevollmächtigten zu, dass er die Entscheidung über den Abbruch lebenserhaltender Maßnahmen trifft. Das kann den Bevollmächtigten sehr belasten. Er wird deshalb oft die Abbruchsentscheidung nicht treffen wollen/können. Und trifft er die Abbruchsentscheidung, kann ihn später der Gedanke belasten »Ich habe meine/meinen ..................... sterben lassen!«

## Entlastung der Angehörigen

Ein Motiv für die Errichtung einer Patientenverfügung kann sein, den Angehörigen das eigene jahrelange Siechtum zu ersparen. Es stellt sich die Frage nach dem Sinn jahrelanger schwerer, die Kräfte der Angehörigen verbrauchender Pflege und Zuwendung, die aufopfernd sind, die der Kranke selbst jedoch nicht mehr wahrnehmen kann.

## Die Kosten für den Kranken und die Angehörigen

Auch der Wunsch der finanziellen Schonung der Angehörigen kann Anlass sein, eine Patientenverfügung zu errichten. In vielen Fällen wird für die Pflege das Vermögen des Patienten aufgezehrt und/oder seine Angehörigen werden finanziell in Anspruch genommen. Es wird aber vielfach der Wunsch des Pflegebedürftigen sein, seine Angehörigen finanziell zu schonen und sein Vermögen nicht für seine Pflege zu verbrauchen, wenn er seine Existenz und die Pflege selbst nicht mehr wahrnehmen kann.[1]

## Gleichzeitige Ausstellung einer Vorsorgevollmacht

Es ist wichtig, mit einer Patientenverfügung gleichzeitig eine Vorsorgevollmacht auszustellen. Der Bevollmächtigte trifft bei Vorliegen einer validen Patientenverfügung zwar selbst nicht die Abbruchsentscheidung, er ist aber legitimiert, die Beachtung der Patientenverfügung durchzusetzen. Außerdem dürfen Ärzte und Pflegende wegen ihrer Schweigepflicht nur einem Vertreter Auskünfte geben. Erst nach derartigen Auskünften wissen die Angehörigen, ob der Krankheitszustand unumkehrbar ist und die Festlegungen in einer Patientenverfügung eingetreten sind.

### Zusammenfassung

- Wegen des Anstiegs der Lebenserwartung, der Fortschritte der Medizin und der Pflegetechnik sowie der Erfindung der künstlichen Ernährung über PEG-Sonden sind jahrelang andauernde, unabänderliche Zustände völliger oder weitgehender Bewusstlosigkeit oder schwerster Demenz zu einem typischen Zustand bei häuslicher und Heimpflege geworden.
- Mit einer Patientenverfügung können die Aufrechterhaltung und Fortdauer eines derartigen Siechtums verhindert werden.
- Wer keine Patientenverfügung errichtet, trifft eine Entscheidung dahin, dass sein Siechtum so lange verlängert wird, bis der Tod aus anderen Gründen eintritt (»im Zweifel für das Leben«).
- Patientenverfügungen entlasten das Gewissen von Ärzten und Angehörigen von der schweren Verantwortung für die Beendigung lebenserhaltender Maßnahmen.
- Gleichzeitig mit der Patientenverfügung sollte eine Vorsorgevollmacht ausgestellt werden.

1 So auch Uhlenbruck, NJW 2003, 1710, 1711; Verrel, C 87; Kutzer, DRiZ 2005, 257; v. Lewinski, ZRP 2008, 226; Gaßner in: Hager, S. 36.

# 4. Unter welchen Voraussetzungen sind Patientenverfügungen verbindlich und rechtswirksam?[1]

Patientenverfügungen sind nur rechtswirksam und dürfen folglich nur umgesetzt werden, wenn diese Voraussetzungen erfüllt sind:

## Volljährigkeit

Der Errichter einer Patientenverfügung muss *volljährig* sein. Aber auch Behandlungsverweigerungen *Minderjähriger* sind rechtswirksam, wenn der Minderjährige die erforderliche Einwilligungsfähigkeit besaß. Diese Behandlungsverweigerungen Minderjähriger sind dann allerdings keine Patientenverfügung im Sinn des Gesetzes.

## Schriftlichkeit

- Patientenverfügungen müssen *schriftlich* ausgestellt sein. Er muss mindestens mit dem vollen Nachnamen unterschrieben werden. Bei Schreibunkundigkeit (Analphabetismus) oder Schreibunfähigkeit (z.B. nach Schlaganfall) ersetzt das notariell beglaubigte Handzeichen die Namensunterschrift, § 126 I BGB.
- Es können *Formulare/Muster* verwendet werden. Die Verwendung von Mustern ist sinnvoll, weil die Muster von ihren Verfassern bereits durchdacht worden sind. Allerdings enthalten viele Muster nicht alle Alternativen oder sind sonst unvollständig (siehe Seite 130).
- Trotz des gesetzlichen Erfordernisses der Schriftlichkeit sind auch nur mündliche Behandlungsablehnungen eines Patienten (wie bisher) rechtlich verbindlich und zu beachten. Das ist Allgemeinwissen: Lehnt der urteilsfähige Patient (etwa mündlich) z.B. eine lebensrettende Operation oder Chemotherapie ab, dann ist

1 Patientenverfügungen, die vor dem 1.9.2009 erstellt worden sind, bleiben gültig. Enthält die Urkunde eine Vorsorgevollmacht, die zum Abbruch lebenserhaltender Maßnahmen berechtigt, muss diese Vollmacht eventuell ergänzt werden, dass die Entscheidungen des Bevollmächtigten mit der »begründeten Gefahr des Todes oder eines schweren und länger dauernden gesundheitlichen Schadens verbunden sein« können, BGH v. 6.7.2016, XII ZB 61/16, Rn. 18. Siehe auch S. 30 und 131. Denn nach § 1904 V BGB muss die Vollmacht »diese Maßnahme ausdrücklich umfassen«.

das rechtswirksam und verbindlich. Der Patient darf nicht gegen seinen Willen behandelt werden, auch wenn eine Behandlung sein Leben retten könnte, er aber ohne diese lebensrettende Behandlung stirbt[2] (s. auch Seite 59).

- Die Tatsache, dass trotz des gesetzlichen Erfordernisses der Schriftlichkeit auch lediglich mündliche Behandlungsverweigerungen rechtlich verbindlich sind, ist kein Widerspruch. Die Schriftlichkeit veranlasst einen Errichter, sich intensiv mit den möglichen Festlegungen zu befassen. Seine Festlegungen sind danach überlegte und ernsthafte Willensäußerungen. Die Schriftlichkeit bedeutet vor allem eine größere Beweisbarkeit. Der Patientenwille ergibt sich unmittelbar aus der Urkunde und muss nicht durch mühsame und oft unsichere Ermittlungen festgestellt werden.

## Echtheit

Der Patient muss die Patientenverfügung selbst errichtet haben. Eine Vertretung ist nicht zulässig. Fälschungen von Patientenverfügungen haben schon die Gerichte beschäftigt. Motive für Fälschungen können sein, eine Erbschaft eher antreten oder sich eines lästigen oder teuren Pflegefalls (Unterhaltspflichten) entledigen zu wollen. Unter Umständen kann also Anlass bestehen, die Echtheit besonders zu prüfen. Höchste Beweiskraft hinsichtlich der Echtheit haben die betreuungsbehördliche Beglaubigung, die notarielle Beglaubigung oder die notarielle Beurkundung. Eine notarielle Urkunde wird problemlos anerkannt.

## Einwilligungsfähigkeit

- Der Errichter muss bei Ausstellung der Patientenverfügung *einwilligungsfähig* gewesen sein. Einwilligungsfähigkeit (auch Urteilsfähigkeit genannt) liegt vor, wenn der Patient mit natürlicher Einsichtsfähigkeit Wesen, Bedeutung und Tragweite (die Folgen) einer Patientenverfügung verstehen, das Für und Wider sachgerecht erkennen und gegeneinander abwägen und seinen Willen danach frei bestimmen kann. Es dürfen keine überspannten Anforderungen gestellt werden. Zu beachten ist, dass auch bei ausdrücklichen, klaren und eindeutigen Äußerungen Einwilligungsunfähigkeit vorliegen kann. Auch ein klar geäußerter Wille ist dann unbeachtlich und darf nicht umgesetzt werden. Andererseits darf sich der urteilsfähige Mensch aber auch unvernünftig verhalten.
- Wachsmuth (DMW 1982, 1527) berichtet von zwei Fällen, in denen Patienten notwendige Amputationen mit der Begründung abgelehnt hatten, sie wollten lieber sterben statt als Krüppel zu leben. Der *65-jährige Patient* wurde zwei

2 BGH, NJW 2014, 3572 Rn. 22; BT-Drs. 18/5373,10; BT-Drs. 16/8442, 9.

Tage nach der Entlassung wieder eingeliefert und verlangte nun die Amputation des Beins, weil er es vor Schmerzen nicht aushalten könne. Trotz nun erfolgter Amputation starb er am folgenden Tag, weil die Erkrankung bereits auf den Rumpf übergegriffen hatte. Einem *30-jährigen Patienten* wurde entgegen seiner ausdrücklichen Weigerung der Unterschenkel amputiert. Einige Wochen später verließ er »mit einer Prothese zufrieden die Klinik«; er wurde sogar in seinem Beruf wieder voll arbeitsfähig. Wie der Verlauf dieser Fälle zeigt, hatten beide Patienten bei Ablehnung der Operation die Vor- und Nachteile der Amputation nicht rational verarbeitet und beurteilt, indem sie die Alltagserfahrung nicht zur Kenntnis genommen hatten, dass auch Amputierte recht gut am Leben teilnehmen können. Sie waren bei ihren Operationsverweigerungen also einwilligungsunfähig (Schockzustand).

- Die Fähigkeit, den »Willen hiernach frei bestimmen« zu können (»freie Willensbestimmung«) bedeutet, dass die Entscheidung des Patienten nicht von einer geistigen Krankheit (z. B. Demenz, Depression oder Wahn) oder von anderen Personen beeinflusst oder gar aufgezwungen sein darf. *Beispiele* für fehlende freie Willensbestimmung und damit fehlende Einwilligungsfähigkeit sind die Ablehnung einer Behandlung durch psychisch Kranke, Alkoholiker oder Magersüchtige. Ihre Ablehnung einer Behandlung beruht nicht auf ihrem freien Willen, sondern ist krankheitsbedingt. Sie stehen unter dem Zwang ihrer Krankheit bzw. ihrer Sucht. Sie dürfen und müssen bei Lebens- oder schwerer Gesundheitsgefahr zwangsbehandelt und zwangsernährt werden, auch wenn sie ihre Rettung ausdrücklich und evtl. noch bewusstseinsklar ablehnen. Dem Kranken, der seine Behandlungsbedürftigkeit aufgrund seiner Krankheit nicht einsehen kann, darf medizinische Hilfe nicht versagt werden.[3]
- Die *Feststellung der Einwilligungsfähigkeit oder -unfähigkeit* kann im Einzelfall schwierig und oft nur mit psychiatrischer Sachkunde möglich sein.
- Die Freiverantwortlichkeit fehlt, wenn die Patientenverfügung unter Täuschung, Nötigung oder Zwang errichtet worden ist.

## Keine unmittelbar bevorstehenden Behandlungen und ärztlichen Eingriffe

Die Festlegungen in der Patientenverfügung müssen Untersuchungen, Behandlungen und ärztliche Eingriffe betreffen, die nicht unmittelbar bevorstehen. Für Untersuchungen, Behandlungen und Eingriffe, die bevorstehen, von denen also bekannt ist, dass sie durchgeführt werden sollen (oder auch nicht), gilt der aktuelle Patientenwille.

3 BVerfG, FamRZ 2001, 149, 151.

## Konkrete Festlegungen

In der Patientenverfügung müssen zunächst die Krankheitssituationen genau geschildert werden, für die ärztliche Maßnahmen und Behandlungen verweigert werden (siehe Seite 21). Die Krankheiten selbst müssen nicht geschildert werden. Danach müssen die Behandlungen und ärztlichen Maßnahmen genau bezeichnet werden, die nicht durchgeführt werden sollen (siehe Seite 30).

## Vorsorge gegen »Untertherapie«

In einer Patientenverfügung kann auch angeordnet werden, dass medizinische Maßnahmen und Ernährung unter allen Umständen (»bis zuletzt«) durchgeführt werden sollen. Trotz einer derartigen Anordnung darf eine Behandlung aber nicht durchgeführt werden, wenn die medizinische Indikation fehlt.

## Geltung der Patientenverfügung erst ab Unumkehrbarkeit von Krankheit und Einwilligungsunfähigkeit

Eine Patientenverfügung gilt erst ab dem Eintritt der Unumkehrbarkeit der Krankheitszustände und der Einwilligungsunfähigkeit des Errichters auf Dauer. Sie gilt also erst dann, wenn der Aussteller einwilligungsunfähig geworden ist. Diese Unumkehrbarkeit muss mit an Sicherheit grenzender Wahrscheinlichkeit feststehen. Die Muster von Patientenverfügungen enthalten üblich entsprechende Bestimmungen wie »unwiederbringlich«, »unwiderruflich« oder »aussichtlose Prognose«. Aber auch dann, wenn der Text der Patientenverfügung eine derartige Bestimmung nicht enthält, gilt die Patientenverfügung nach ihrem Sinn erst ab dem Eintritt der Einwilligungsunfähigkeit ihres Errichters auf Dauer. Der Eintritt der Unumkehrbarkeit ist Bedingung für das Wirksamwerden einer Patientenverfügung. Ist der Errichter z. B. nach Unfall oder Infarkt einwilligungsunfähig, bestehen aber Rettungschancen, dann sind die vom Errichter bestimmten Voraussetzungen für das Wirksamwerden der Patientenverfügung noch nicht eingetreten und die Patientenverfügung darf demnach nicht umgesetzt werden. Auch bei Entwicklung neuer Therapien fehlt die Unumkehrbarkeit, sodass die Patientenverfügung dann noch nicht gilt. Wer sich zur Errichtung einer Patientenverfügung entschließt, wird dadurch also nicht Opfer voreiliger Anordnungen.

Vor Umsetzung einer Patientenverfügung müssen alle Behandlungsmöglichkeiten mit Chancen entweder auf Heilung oder auf Verbesserung des Zustandes des Patienten ausgeschöpft sein. Von einer Unumkehrbarkeit der Krankheit kann deshalb oft erst nach mehreren Monaten ihrer Dauer und nach erschöpfenden Diagnostiken und vergeblichen Behandlungsversuchen ausgegangen werden. Therapieversuch geht vor Therapieverzicht. Einen Behandlungsabbruch wird man *deshalb in der Regel erst nach einigen Monaten der Beobachtung durchführen* können.

Bei Jüngeren wird man oft erst nach Jahren die Feststellung der Unumkehrbarkeit treffen können. Steht die Unumkehrbarkeit nicht fest, gilt der Grundsatz »Im Zweifel für das Leben«.

## Die Patientenverfügung darf nicht widerrufen worden sein, es darf keine Willensänderung vorliegen

Eine Patientenverfügung kann jederzeit formlos, also auch mündlich oder durch Körpersprache, widerrufen werden.

Der Widerruf einer Patientenverfügung muss geäußert worden sein. Ein Widerruf darf nur angenommen werden, wenn sich der Patient »von seiner früheren Verfügung *mit erkennbarem Widerrufswillen* distanziert« hat.[4] Es müssen also konkrete Anhaltspunkte erkennbar sein, aus denen sich der Widerrufswille ergibt. Der Widerrufswille muss irgendwie sichtbar sein, z. B. aus Worten, Gesten, Kopf- oder Augenbewegungen des Patienten. Fehlen derartige konkrete Anhaltspunkte für eine Willensänderung, liegt kein Widerruf der Patientenverfügung vor, sodass sie fortgilt und zu vollziehen ist.

Im Einzelfall kann es schwierig sein zu erkennen, ob ein Widerruf vorliegt oder nicht. Öffnet der Patient auf das Anreichen von Essen und Trinken den Mund, kann das der Widerruf seiner Patientenverfügung sein, in der er für die jetzige Situation die weitere Ernährung untersagt hatte. Es kann sich bei diesem Öffnen des Mundes aber auch nur um einen Reflex handeln, dem kein Widerrufswille zugrunde liegt und der folglich keine Widerrufs*erklärung* ist, sodass die Patientenverfügung weiter gilt (zur Beurteilung der Abwehrhaltung beim Anbieten von Essen und Trinken siehe Seite 73).

### *Ist ein Widerruf nur bei Einwilligungsfähigkeit wirksam?*

Dazu hat der Gesetzgeber nichts gesagt. Zu dieser Frage gibt es bisher auch keine Gerichtsentscheidungen. Ein Widerruf kann aber nur wirksam sein, wenn der Patient dabei einwilligungsfähig ist.[5] Denn ein Widerruf ist eine rechtliche Äußerung. Rechtliche Äußerungen sind aber nur dann rechtswirksam, wenn sie im Zustand mindestens der Einwilligungsfähigkeit abgegeben werden. War der Patient also bei seinem Widerruf nicht einwilligungsfähig, ist sein Widerruf unbeachtlich.

4 BGH, NJW 2003, 1588, 1591. Ein Ruf »Hilfe« ist nicht zwingend ein Widerruf, LG Waldshut-Tiengen, NJW 2006, 2270, 2271.

5 Hahne, FamRZ 2003, 1619, 1620.

*Beispiel*: Der Schriftsteller *Thor Heyerdahl* hatte schwer erkrankt auch Essen und Trinken verweigert, um »in Würde zu sterben« (siehe auch Seite 74). Im Verlauf des Flüssigkeitsentzuges wird ein derartiger Patient geistig so eintrüben, dass er nicht mehr einwilligungsfähig ist. Ein Widerruf seiner Verweigerung von Essen und Trinken durch die Annahme von Essen und Trinken wäre dann wegen fehlender Einwilligungsfähigkeit unwirksam.

### *Der mutmaßliche Widerruf?*

Vielfach wird angenommen, dass nach Eintritt der in der Patientenverfügung geschilderten Krankheitssituation *mutmaßlich ein Widerruf* der Patientenverfügung vorliege (zum mutmaßlichen Willen siehe Seite 79). Denn Patienten würden Zustände, die sie zu Zeiten ihrer Gesundheit als unerträglich angesehen hätten, nach Eintritt der Krankheit allgemein doch akzeptieren (»*Perspektivwechsel*«). Ohne konkrete Anhaltspunkte gibt es aber keinen Anlass für die Annahme eines mutmaßlichen Widerrufs. Der Patient hat gerade für den jetzigen Zustand seine Anordnungen getroffen. Die gesetzliche Anerkennung von Patientenverfügungen und ihre allgemeine Propagierung können nur dann Sinn haben, wenn die Anordnungen in der Patientenverfügung fortgelten. Wer eine Patientenverfügung verfasst, weiß, dass er voraussichtlich in einen *Zustand der Äußerungsunfähigkeit auf Dauer* geraten wird. Sein Wille war es, dass *gerade dann* seine Anordnungen gelten sollen.[6]

Hat der Errichter in seiner Verfügung Anordnungen für den Fall unumkehrbarer *völliger oder weitgehender Bewusstlosigkeit oder für den Fall schwerster Demenz* getroffen, wird er keinen mutmaßlichen Willen für einen Widerruf haben. Denn würde er für kurze Zeit urteilsfähig den Zustand seines unumkehrbaren Siechtums oder seiner schweren Demenz wahrnehmen können und wissen, dass dieser Zustand nunmehr bis zu seinem Tod andauern wird, würde er seine Festlegungen in der Patientenverfügung erst recht bestätigen. Bei unumkehrbarer Bewusstlosigkeit oder schwerster Demenz kann also kein mutmaßlicher Widerrufswille, sondern nur die *mutmaßliche Bestätigung der Patientenverfügung* angenommen werden. Unumkehrbare Bewusstlosigkeit und schwere Demenz sind also ein *Indiz* für einen fortdauernden, mutmaßlichen Behandlungs*verzicht*.[7]

6 Er will die Bestandskraft seiner Anordnungen, Roth, JZ 2004, 494, 497, 500.
7 Verrel, C 88, C 89, C 120.

### *Ist ein natürlicher Wille beachtlich?*

Die Frage ist, wie ein »natürlicher Wille« eines einwilligungsunfähigen Patienten zu beurteilen ist. Der natürliche Wille ist der Wille, *den der Patient aktuell hat*, auch wenn er bei dieser Äußerung eines natürlichen Willens einwilligungs*un*fähig ist.

*Beispiel:* Der Patient hat in seiner Patientenverfügung angeordnet, dass im Fall schwerster Demenz Behandlung und Ernährung abgebrochen werden müssen. Nun ist er in diesen Zustand schwerster Demenz geraten. Er isst und trinkt gern, und er ist ersichtlich zufrieden. Er hat also eine natürliche Lebensbejahung.

Vielfach wird dieser natürlich-kreative Lebenswille des einwilligungsunfähigen Dementen für beachtlich gehalten. Wäre das richtig, dann wären Anordnungen eines »Abbruchs bei Demenz« oft unbeachtlich, denn die Schwerstdementen sind oft zufrieden und zeigen Lebenswillen.

Patientenverfügungen werden vor allem errichtet angesichts beobachteter Fälle unumkehrbarer Bewusstlosigkeit und/oder Demenz. Die Errichter von Patientenverfügungen mit der Anordnung eines »Abbruchs bei Demenz« wissen also, dass sie im Fall der Demenz vielleicht einen natürlichen Lebenswillen haben werden. Trotz dieses Wissens ordnen sie den Behandlungsverzicht bei Demenz an. Der Errichter hat damit ebenfalls angeordnet, dass auch sein natürlicher Lebenswille nach Eintritt der Demenz unbeachtlich sein soll. Das bedeutet, dass ein natürlicher Wille gegenüber Anordnungen in Patientenverfügungen unbeachtlich ist, weil der Patient das selbst so angeordnet hat.

Auch hier gilt außerdem, dass der Patient mutmaßlich die Fortgeltung seiner einwilligungsfähig getroffenen Anordnungen will. Er wollte und will gerade nicht in einem Zustand schwerster Demenz existieren.

## Sind Aufklärung, Beratung, Bestätigung und Aktualisierung erforderlich?

Die Verweigerung von Behandlung und Ernährung in einer Patientenverfügung ist auch ohne eine vorherige ärztliche oder anderweitige Aufklärung oder Beratung rechtswirksam.[8]

Eine vorherige Beratung ist natürlich sinnvoll. Der Arzt kann u. a. Unsicherheiten aufklären, eine genaue Beschreibung der konkreten Krankheitssituation geben,

8 BT-Drucks 17/10488, S. 24. Hat der Patient, was eine Ausnahme ist, in der Patientenverfügung in medizinische Maßnahmen eingewilligt, ist diese Einwilligung nur nach vorheriger Aufklärung wirksam. Gegebenenfalls ist eine nach ärztlicher Aufklärung erklärte Einwilligung eines Vertreters einzuholen. Der Patient kann aber auf eine Aufklärung ausdrücklich verzichten, §§ 630 d, 630 e BGB.

über einen voraussichtlichen Krankheitsverlauf unterrichten und über Erfahrungen mit Patienten in ähnlichen Situationen informieren.

Die Bestätigung einer Patientenverfügung in *regelmäßigen Zeitabständen* ist *rechtlich nicht erforderlich*. Ebenso wie Testamente verjähren Patientenverfügungen nicht. Aus *Beweisgründen* ist es aber sinnvoll, die Patientenverfügung in Abständen zu überprüfen, zu bestätigen oder auch zu aktualisieren. Denn Ärzte und Pflegende können Bedenken haben, eine Patientenverfügung umzusetzen, die z. B. schon Jahrzehnte alt ist. Wegen dieses Zeitablaufs können Zweifel aufkommen, ob der Wille des Patienten unverändert geblieben ist. *Die Bestätigung kann lauten*: »Seit der Errichtung meiner Patientenverfügung habe ich mich wiederholt mit meiner Patientenverfügung und den Anordnungen in ihr befasst. Ich halte die Patientenverfügung mit ihren Festlegungen aufrecht und bestätige sie.«

Eine Bestätigung der Anordnungen durch *Zeugen* ist *rechtlich nicht erforderlich*, aber *zu empfehlen*. Zeugen können z. B. die Echtheit der Verfügung, die Einwilligungsfähigkeit der Errichters und seine Ernsthaftigkeit bei der Errichtung beweisen. Die Angaben der Zeugen können bei der Auslegung der Patientenverfügung von entscheidender Bedeutung sein.

Niemand kann verpflichtet werden, eine Patientenverfügung zu errichten. Ein Vertragsschluss (z. B. ein Krankenhausaufnahme- oder Heimvertrag) kann nicht von der Errichtung einer Patientenverfügung abhängig gemacht werden.

## Patientenverfügung und Notfall

Auch im Notfall muss der Arzt die Patientenverfügung beachten und darf nur nach dem Willen des Patienten handeln. Kennt er z. B. als Hausarzt den Patientenwillen, kann und muss er im Notfall lebenserhaltende Maßnahmen unterlassen, wenn der Patient das für die jetzige Krankheitssituation festgelegt hat.

Sind eine Patientenverfügung und sonstige ausdrückliche Willensäußerungen des Patienten nicht bekannt, darf der Arzt auch im Notfall nur nach dem mutmaßlichen Willen des Patienten handeln. Für eine Behandlung mit Heilungschancen wird der mutmaßliche Wille des Patienten vorliegen. Der mutmaßliche Wille kann fehlen, wenn die Behandlung dem Patienten mit an Sicherheit grenzender Wahrscheinlichkeit nichts nutzt (z. B. der Patient bereits Sterbender ist oder die Folgeschäden der Reanimation, etwa Hirnschäden, zu groß sind). Bei Unsicherheit gilt der Grundsatz »Im Zweifel für das Leben«.

Ist in einem Notfall ein Wille des Patienten nicht bekannt, wird der Arzt nicht die Zeit haben, nach einer Patientenverfügung zu suchen und ihre Wirksamkeit zu prüfen. Er muss dann zunächst alle Rettungsmaßnahmen einleiten, um gesundheitliche Schäden durch Zeitverzögerung zu vermeiden.[9]

**Zusammenfassung**

- Eine Patientenverfügung muss schriftlich errichtet worden sein.
- Der Patient muss bei Errichtung der Patientenverfügung einwilligungsfähig gewesen sein.
- Die Anordnungen in der Patientenverfügung dürfen nicht auf sonstigen Willensmängeln beruhen wie z. B. Zwang, Täuschung oder Nötigung.
- Es müssen konkrete Festlegungen getroffen werden.
- Patientenverfügungen gelten erst ab Unumkehrbarkeit von Krankheit und Einwilligungsunfähigkeit.
- Die Patientenverfügung darf nicht widerrufen worden sein.
- Eine vorherige Aufklärung und Beratung sind nicht erforderlich.
- Patientenverfügungen sind auch ohne Bestellung eines Vertreters verbindlich und von jedermann zu beachten (siehe Seite 60).

9 Die Entscheidung über einen Behandlungsabbruch hat nicht unter zeitlichem Druck, sondern nur nach sorgfältiger Prüfung der medizinischen Grundlagen und des Patientenwillens zu erfolgen (BGH, NJW 2011, 161 Rn. 13).

# 5. Patientenverfügungen müssen ausgelegt werden

## Es ist der wirkliche Wille des Patienten zu ermitteln

Patientenverfügungen dürfen nicht ohne Weiteres entsprechend ihrem Wortlaut vollzogen werden. Es muss ermittelt werden, was der Patient wirklich erklärt hat. Es ist »der wirkliche Wille zu erforschen« und man darf »nicht an dem buchstäblichen Sinne des Ausdrucks« haften (§ 133 BGB). Das Ziel der Auslegung[1] ist die *Ermittlung des wahren Willens* des Patienten. Auch einen eindeutigen Wortlaut kann der Patient anders gemeint haben. Dann muss unter Umständen vom Wortlaut der Patientenverfügung abgewichen werden. Der Aussteller der Patientenverfügung darf nicht Opfer unklarer oder irrtümlicher Anordnungen werden. Patientenverfügungen dürfen also nicht ohne weiteres Hinterfragen mechanisch wortgetreu (»eins zu eins«) umgesetzt werden.

## Fehlen konkreter Festlegungen

In Patientenverfügungen fehlen gelegentlich die vom Gesetz verlangten genauen Beschreibungen der konkreten Krankheitssituation (siehe Seite 21). Fehlen derartige konkrete Festlegungen, ist das Schriftstück keine Patientenverfügung im Sinne des Gesetzes. Keine konkreten Festlegungen sind Bestimmungen wie »Ich wünsche keine Apparatemedizin« oder »Ich möchte nicht an Schläuchen hängen«. Diese Bestimmungen berücksichtigen außerdem nicht die Tatsache, dass gerade intensivmedizinische Maßnahmen das Leben mit guter Lebensqualität erhalten können. Auch Formulierungen wie »Sollte ich in einen menschenunwürdigen Zustand geraten«, »wenn meine Lage sinnlos geworden ist« oder »wenn kein erträgliches Leben zu erwarten ist« sind keine konkreten Festlegungen. Außerdem können die Beteiligten aus derartigen Bestimmungen gegensätzliche Schlüsse ziehen. Man kann sich auf den Standpunkt stellen, dass es gerade menschenunwürdig ist, Ernährung und Flüssigkeitszufuhr abzubrechen.

Werden medizinische Maßnahmen bei »schwerem Leiden« untersagt, dann ist unklar, ob ein solches »schweres Leiden« z. B. vorliegt bei jahrelanger unumkehrbarer Bewusstlosigkeit, Bettlägerigkeit und künstlicher Ernährung *ohne* Schmerzen

1 BGH, NJW 2014, 3572 Rn. 30.

oder ob der Patient Schmerzen haben muss. Denn umgangssprachlich bedeutet »Leiden«, dass der Patient seine Krankheit schmerzhaft wahrnimmt. Wenn es z. B. heißt: »Ich wünsche keine lebensverlängernden Maßnahmen«, dann ist unklar, ob damit nur medizinische Behandlungen gemeint sind oder auch die Einstellung der künstlichen Ernährung und der Flüssigkeitszufuhr.

## Auslegung dahin, dass der Errichter den Behandlungs- und Ernährungsabbruch will

Derartige Beschreibungen können aber im Rahmen der Auslegung von Patientenverfügungen von Bedeutung sein. Aus ihnen ergibt sich der Wille des Errichters, ein unumkehrbares Siechtum nicht erleiden, sondern durch einen Behandlungsabbruch beenden zu wollen. Vielfach unabhängig von den Formulierungen in einer Patientenverfügung ist bereits die Tatsache ihrer Errichtung ein Indiz für den Willen des Patienten, dass er bei unumkehrbarer Bewusstlosigkeit, Unmöglichkeit der Teilnahme am Leben, Multimorbidität, Bewegungsunfähigkeit und umfassender Pflegebedürftigkeit nicht mehr behandelt, nicht ernährt und nicht mit Flüssigkeit versorgt werden will. Die Auslegung kann also ergeben, dass der Patient mit der Patientenverfügung seinen Willen geäußert hat, die Aufrecherhaltung derartiger Zustände für sich zu verhindern, auch wenn das im Text der Patientenverfügung keinen oder keinen eindeutigen Niederschlag findet.

Im Fall des LG Essen[2] hatte die Patientin in ihrer Patientenverfügung »lebensverlängernde Maßnahmen« untersagt, wenn sie »ohne Aussicht auf Besserung im Sinne eines für mich erträglichen und umweltbezogenen Lebens mit eigener Persönlichkeitsgestaltung« seien. Diese Voraussetzungen sah das Gericht als gegeben an, obwohl die Patientin dem Sachverständigen den Kopf zugewendet, ihn angeblickt, ihn fixiert und angelächelt hatte, sonst aber keine Kommunikation möglich war. Das Gericht genehmigte die Einstellung der »künstlichen Ernährung«.

## Auslegung dahin, dass der Patient *keinen* Abbruch von Behandlung und Ernährung will

Bestehen Heilungschancen mit anschließend wahrscheinlich guter Lebensqualität, dann will der Patient mutmaßlich diese Behandlung, auch wenn er nach dem Text seiner Patientenverfügung diese Behandlung untersagt hat. Auch ohne ausdrückliche Erwähnung im Text ist Bedingung für die Wirksamkeit von Patientenverfügungen, dass sie *nur für den Fall der Unumkehrbarkeit der Krankheit* gelten sollen (siehe Seite 44).

2 NJW 2008, 1170.

*Fall*: Eine ältere Patientin wurde bewusstlos auf eine Intensivstation eingeliefert. Am folgenden Morgen freute sie sich über die erfolgreiche Behandlung. Danach fand man in ihrem Nachttisch ein »*Patiententestament*«, in dem sie *kategorisch* ihren Aufenthalt auf einer Intensivstation *untersagt* hatte. Die Tatsache, dass die Patientin am folgenden Morgen mit dem Aufenthalt auf der Intensivstation zufrieden war, zeigt aber, dass sie entgegen dem Text in ihrer Patientenverfügung nicht grundsätzlich einen Aufenthalt auf einer Intensivstation untersagt hatte, sondern nur für den Fall der Aussichtslosigkeit aller medizinischen Maßnahmen.

## Umsetzung entsprechend dem Wortlaut

Gibt es *keine Anhaltspunkte* dafür, dass der Patient etwas anderes will, als sich aus dem Text seiner Patientenverfügung ergibt, ist die Patientenverfügung zu vollziehen. Wer in Ausübung seines Selbstbestimmungsrechtes Entscheidungsfreiheit durch eigene, vorsorgende Anordnungen wahrnimmt, trägt das damit verbundene Risiko eines Irrtums und einer Fehlentscheidung. Andere müssen sich auf das verlassen können und dürfen, was jemand urteilsfähig gesagt hat. Sie müssen auch dagegen geschützt werden, dass ein geäußerter Wille nicht gelten soll, wenn ein Irrtum und eine Fehleinschätzung des Patienten nicht erkennbar sind.

## Die Ermittlungen

Ist es erforderlich, eine Patientenverfügung auszulegen, kann und muss auf die Angaben behandelnder Ärzte, Angehöriger und Bekannter zurückgegriffen werden. Die Fragen sind unter anderem:

- Können beabsichtigte Maßnahmen den Zustand des Patienten verbessern?
- Haben beabsichtigte Maßnahmen voraussichtlich Vorteile, die die Nachteile eines Lebens mit Beschwerden überwiegen?
- Was ist das Wohl des Patienten? Widersprechen seine Festlegungen in der jetzigen Situation seinem Wohl? Das Wohl des Patienten ist der Zustand, den er *subjektiv für sinnvoll* hält.
- Wie würde der Patient in der jetzigen Situation entscheiden, wenn er sich jetzt einwilligungsfähig äußern könnte? Würde der Patient, könnte er sich jetzt äußern, nun ein unumkehrbares Siechtum oder eine schwerste Demenz akzeptieren und würde er die Aufrechterhaltung dieses Zustandes auch mit künstlichen Mitteln wollen? Oder würde er derartige Zustände auch jetzt ablehnen und sein Schicksal annehmen wollen?

## Die Realität der Auslegung

Eine Umsetzung einer Patientenverfügung wird in der Regel erst *nach Wochen oder Monaten schwerer Krankheit und Äußerungsunfähigkeit* erfolgen können. Denn erst dann wird die Unumkehrbarkeit sicher feststehen. Steht die Unumkehrbarkeit der Krankheitssituation fest, wird der Patientenwille aus den schriftlichen Anordnungen und den mündlichen Äußerungen oft sicher festzustellen sein.

### Zusammenfassung

- Patientenverfügungen dürfen nicht mechanisch nur buchstabengetreu umgesetzt werden.
- Patientenverfügungen können und müssen ausgelegt werden.
- Es ist der wahre, der wirkliche Wille des Patienten zu ermitteln.
- Patientenverfügungen sind oft ungenau und unvollständig.
- Ergibt auch der Versuch der Auslegung der Patientenverfügung keine Klarheit, welchen Willen der Errichter geäußert hat, muss versucht werden, seinen mutmaßlichen Willen zu ermitteln.

# 6. Beschreibende Zusätze und Ergänzungen

## Muster für Organspenden

### Der Sinn beschreibender Zusätze

Es kann sinnvoll sein, die Patientenverfügung um (handschriftliche) Zusätze zu ergänzen, in denen der Wille des Errichters in einer *erzählenden, beschreibenden*[1] *Form* dargestellt wird. Diese Zusätze bestätigen auch die Einwilligungsfähigkeit und die Ernsthaftigkeit bei Errichtung der Patientenverfügung. Sie sind eine wertvolle Hilfe für Angehörige und Ärzte, wenn die Patientenverfügung umgesetzt werden soll. Da die Zusätze die abstrakten Formulierungen konkretisieren, können sie den Patientenwillen erkennbarer machen. Schließlich kann aus den beschreibenden Zusätzen ein mutmaßlicher Wille des Patienten festgestellt werden (zum mutmaßlichen Willen siehe Seite 79).

*Es kann beschrieben werden*: Was erhofft man sich bei unumkehrbarer Äußerungsunfähigkeit, Handlungsunfähigkeit, Koma und schwerer Demenz? Was fürchtet man? Gibt es Krankheitszustände, die man für sich verhindern will? Ab wann sollen medizinische und pflegerische Maßnahmen unterbleiben oder sollen sie auf Dauer fortgesetzt werden?

### Vorschläge für beschreibende Zusätze

– Ich habe das jahrelange Siechtum – meines / meiner ....................

.......................................................... miterlebt.

– Er / Sie war ..........................................................

..........................................................

..........................................................

..........................................................

..........................................................

1 BGH, NJW 2014, 3572 Rn. 29.

. . . . . . . . . . . . . . . . . . . . . . . . . . . . . . . . . . . . . . . . . . . . . . . . . . . . . . . . . . . . . . . . . . . .

. . . . . . . . . . . . . . . . . . . . . . . . . . . . . . . . . . . . . . . . . . . . . . . . . . . . . . . . . . . . . . . . . . . .

. . . . . . . . . . . . . . . . . . . . . . . . . . . . . . . . . – Fortsetzung evtl. auf Umseite oder Beiblatt –.
(z. B. jahre- / monatelang bewusstlos, keine Wahrnehmung vom eigenen Leben, bewegungsunfähig, Kontrakturen, künstliche Ernährung, Demenz, Atemnot, Schmerzen)

- Ein derartiges Siechtum und Leiden möchte ich für mich verhindern.
- Ich möchte mein Schicksal annehmen. Ich halte es für würdelos, den Tod nicht entschlossen anzunehmen, sondern stattdessen in einem Siechtum zu existieren.
- Ich will nicht meinen Verstand überleben.
- Ich verbiete, dass ich mithilfe von Technik und Apparaten nur noch als Körper mit seinen biologischen Funktionen künstlich in Gang gehalten werde. Dadurch würde nach meiner Überzeugung nicht mein Leben, sondern nur mein Sterben verlängert.
- Ich bin der Meinung, dass man nicht in den Plan Gottes eingreift, wenn man entscheidet, dass ein Mensch entsprechend dem natürlichen Verlauf stirbt, sondern sich erst dann an die Stelle Gottes setzt, wenn man das Leben eines unumkehrbar Siechen künstlich verlängert (nach *Christian Barnard*).
- Ich will, dass die Erinnerung meiner Angehörigen an mich nicht von dem Bild eines jahrelangen Siechtums in Hilflosigkeit, Bewegungsunfähigkeit, Bewusstlosigkeit, Zerfall, demütigenden Umständen wie Fütterungsbedürftigkeit und Inkontinenz beherrscht wird. Meine Angehörigen sollen auch nicht unter meinem jahrelangen Siechtum leiden.

## Anordnungen zu Organ- und Gewebespenden (zur Organtransplantation)

Unter *Organspende* versteht man die Entnahme von Organen (z. B. Herz, Niere, Lunge, Leber) und Geweben (z. B. Augenhornhaut, Herzklappen, Knochen) von Toten, um sie anderen Patienten einzusetzen. Hat der Tote eine Anordnung zur Organspende getroffen, ist diese Anordnung zu beachten. Hat der Tote keine Anordnungen getroffen, dann entscheiden seine nächsten Angehörigen, ob eine Organspende erfolgen darf oder nicht (§ 4 TPG). Die Organspende kann auf bestimmte Organe und Gewebe beschränkt werden.

Die Anordnungen könnten lauten:

- Im Fall meines Hirntodes stimme ich einer Organ- und Gewebespende zu. In diesem Fall bin ich mit intensivmedizinischen Maßnahmen zum alleinigen

Zweck der Organ- und Gewebespende bis zur Organ- und Gewebeentnahme einverstanden.[2]

- Mit einer Organ- und Gewebespende bin ich einverstanden, aber nur zugunsten meiner nahen Angehörigen (Ehefrau/Ehemann, Kinder, Geschwister).
- Die Entscheidung über eine Organspende nach meinem Tod übertrage ich auf Herrn / Frau

  .............................................................

  .............................................................
- Mit einer Organ- und Gewebespende bin ich *nicht* einverstanden.
- Ich selbst möchte kein fremdes Organ erhalten.

Sehr sinnvoll sind *Organspendeausweise*. Sie sind erhältlich in Apotheken, Arztpraxen oder bei den Krankenkassen (und auch unter www.organspendeausweis.org). Der Organspendeausweis sollte immer mitgeführt werden.

**Zusammenfassung**

- Es sind Zusätze sinnvoll, die den Willen und die Wünsche des Errichters einer Patientenverfügung in einer beschreibenden, erzählenden Form wiedergeben. Diese Zusätze können den in den abstrakten Formulierungen der Patientenverfügung niedergelegten Patientenwillen erkennbarer machen. Oft wird sich aus derartigen Zusätzen ein mutmaßlicher Wille des Patienten feststellen lassen.
- Es können Festlegungen zu Organspenden aufgenommen werden.

2 Mit dieser Festlegung wird sichergestellt, dass die Transplantationsfähigkeit der Organe bis zur Transplantation erhalten bleibt.

# 7. Indikation, Patientenwille, Patientenverfügung und Vertretung

## Die gerichtliche Genehmigung eines Behandlungsabbruchs

### Die medizinische Indikation

Auf eine Patientenverfügung oder einen anderweit geäußerten Patientenwillen kommt es erst dann an, wenn für Behandlung und Ernährung eine medizinische *Indikation* besteht. Fehlt die medizinische Indikation für Behandlung und Ernährung, dürfen Behandlung und Ernährung schon wegen fehlender Indikation nicht durchgeführt werden (§ 1901 b I 1 BGB). Siehe auch Seiten 22 und 76.

### Die Verbindlichkeit des Patientenwillens

Der urteilsfähig (mündlich oder schriftlich) geäußerte Patientenwille und auch der nur mutmaßliche Patientenwille sind rechtlich verbindlich. »Der Wille des Patienten muss stets beachtet werden, unabhängig von der Form, in der er geäußert wird.«[1] Entgegen diesem Willen darf nicht behandelt oder ernährt werden. Behandlungen und Ernährungen gegen den urteilsfähig geäußerten Willen des Patienten wären, auch wenn sie lebenserhaltend sind, rechtswidrige Zwangsbehandlungen und Zwangsernährungen.[2] Das ist Allgemeinwissen: Der Krebspatient, der urteilsfähig eine lebensrettende Therapie ablehnt, wird nicht zwangsbehandelt, auch wenn er durch eine Behandlung geheilt werden könnte, er ohne die Behandlung aber stirbt. Auch der lebensgefährlich Erkrankte »muss nicht zum Arzt gehen«.

Der Patient darf ärztliche Maßnahmen auch dann ablehnen, wenn das objektiv unvernünftig, medizinisch nicht vertretbar und selbstschädigend ist.[3] Der einwilligungsfähige Patient darf auch absolut indizierte Behandlungen verweigern,

1 BGH, NJW 2014, 3572 Rn. 27, 37; BT-Drs. 16/13314, 22. BGH, NJW 2003, 1588, 1590: »Richtig ist, dass der Arzt das Selbstbestimmungsrecht des einwilligungsfähigen Patienten zu achten hat und deshalb keine – auch keine lebenserhaltenden – Maßnahmen gegen dessen Willen vornehmen darf.«

2 BGH, NJW 2005, 2385.

3 BGH, NJW 1980, 1333, 1334; RGSt 25, 375.

die dann nicht durchgeführt werden dürfen, auch wenn er ohne die ärztlichen Maßnahmen vorhersehbar stirbt.[4] Deshalb kann z. B. ein Zeuge Jehovas medizinisch absolut notwendige Blutübertragungen rechtswirksam verweigern, und zwar auch mit der Folge des Todes.[5] Das Selbstbestimmungsrecht eines Menschen geht seinem Wohl vor. Aktive Sterbehilfe und Tötung auf Verlangen sind allerdings verboten und strafbar.

## Das Verhältnis Patient – Vertreter

Ein Abbruch von Behandlung, Ernährung und Flüssigkeitszufuhr ist deshalb bei entsprechendem Patientenwillen *auch dann rechtmäßig*, wenn *kein Vertreter* bestellt[6] und *keine gerichtliche Genehmigung*[7] erfolgt ist. Es kommt allein darauf an, ob ein entsprechender Wille des Patienten vorliegt (§ 1901 a II BGB).[8] Auch eine Patientenverfügung muss nicht vorliegen, auch nur mündliche Erklärungen des Patienten sind ebenfalls verbindlich.[9]

Der Gesetzestext und die Regelung der Patientenverfügung im Betreuungsrecht suggerieren allerdings, dass die Umsetzung einer Patientenverfügung nur bei Bestehen einer Vertretung oder gar nur durch die Entscheidung eines Vertreters zulässig ist. Das ist nicht so. Eine valide Patientenverfügung ist auch ohne Bestellung eines Bevollmächtigten oder eines Betreuers verbindlich und muss befolgt werden.

Hat der Patient in einer validen Patientenverfügung Anordnungen für die derzeitige Krankheitssituation getroffen, hat er damit schon selbst über Behandlung oder Nichtbehandlung entschieden. Weil der Patient im Voraus die Entscheidung bereits selbst getroffen hat, können Angehörige, Ärzte und Vertreter des Patienten dann keine andere Entscheidung treffen, auch wenn eine weitere Behandlung lebensrettend wäre.[10] Ärzten und Pflegenden gibt auch ihr Gewissen nicht das Recht, sich über Entscheidungen des Patienten in seiner Patientenverfügung hin-

4 BGH, NJW 1958, 267; EGMR, NJW 2002, 2851 Rn. 63.

5 BVerfG, NJW 2002, 206; BVerfG, NJW 1972, 327.

6 Bundesjustizministerium, Broschüre »Patientenverfügung«, 2010, S. 12: »Die Ärztin oder der Arzt muss eine derart verbindliche Patientenverfügung beachten, auch wenn keine Vertreterin und kein Vertreter bestellt ist.«

7 Verrel, C 28, C 98, C 99, C 121; BGH, NJW 2014, 3572 Rn. 13, 14. Der BGH hat in den Fällen NJW 1995, 204 (»Kemptener Fall«), und NJW 2010, 2963, den Abbruch lebenserhaltender Maßnahmen mit der Folge des Todes allein aufgrund des Willens der Betroffenen für rechtmäßig gehalten; gerichtliche Genehmigungen hatten nicht vorgelegen. Siehe auch Fn. 16.

8 Verrel, C 78, C 83, C 121.

9 BT-Drs. 16/13314, 22; BGH, NJW 2014, 3572 Rn. 27, 37.

10 BGH, NJW 2010, 2963 Rn. 23, 24.

wegzusetzen.[11] Eine Behandlung ist eben nur erlaubt, wenn der Patient oder sein Vertreter in diese Behandlung einwilligt. Der Patientenwille geht dem Heilauftrag des Arztes vor.

## Die Rechtsstellung des Vertreters

Für den Errichter einer Patientenverfügung kann ein Vertreter bestellt sein, und zwar als Bevollmächtigter durch die Ausstellung einer Vorsorgevollmacht oder als Betreuer durch das Betreuungsgericht. Bevollmächtigter und Betreuer (nachfolgend meist nur noch »Vertreter« genannt) sind Vertreter des Patienten in den festgelegten Aufgabenkreisen. Die Entscheidungen der Vertreter haben die gleiche Bedeutung und die gleiche rechtliche Wirkung wie die Entscheidungen des Patienten selbst.

Es ist zu unterscheiden zwischen der Feststellung des Sachverhalts einerseits und andererseits der Entscheidung, die aufgrund dieses Sachverhalts zu treffen ist.

Der Vertreter hat zu prüfen, ob die Festlegungen in der Patientenverfügung auf die aktuelle Krankheitssituation zutreffen. Der behandelnde Arzt hat zu prüfen, »welche ärztliche Maßnahme *indiziert* ist« (§ 1901 b I BGB). Das hat der Arzt mit dem Vertreter »unter Berücksichtigung des Patientenwillens« zu erörtern. Der Vertreter soll nahen Angehörigen und sonstigen Vertrauenspersonen Gelegenheit zur Äußerung geben. Stimmen die Festlegungen in der Patientenverfügung mit der aktuellen Krankheitssituation überein (»Kongruenz«), ist die Patientenverfügung zu vollziehen. Der Vertreter trifft dann nicht die Entscheidung über den Behandlungsabbruch, sondern er hat nur noch die vom Betroffenen selbst getroffene Entscheidung tatsächlich umzusetzen (dem Willen des Patienten »Ausdruck und Geltung zu verschaffen«).

Liegt *keine* valide Patientenverfügung vor oder erfassen die Anordnungen in der Patientenverfügung nicht die konkrete Krankheitssituation und hat der Patient auch mündlich keine Entscheidung getroffen, hat der Vertreter, wenn denn einer vorhanden ist, die »Behandlungswünsche oder den mutmaßlichen Willen des Betreuten« festzustellen »und auf dieser Grundlage zu entscheiden«, ob er in lebenserhaltende Maßnahmen einwilligt oder sie untersagt (§ 1901 a II 1 BGB). Da in diesem Fall der Patient selbst keine Entscheidung getroffen hat, kann sein Vertreter die Abbruchsentscheidung treffen. Die Entscheidungen des Vertreters, die weitere Behandlung und künstliche Ernährung zu unterlassen, sind für Heime,

11 BGH, NJW 2005, 2385; BGH, NJW 2010, 2963 Rn. 18; BT-Drs. 16/8442, 8.

Pflegende, Ärzte und Angehörige rechtlich bindend.[12] Die *Vollmacht* muss allerdings die Befugnis dazu ausdrücklich umfassen, siehe Seite 102.

## Die betreuungsgerichtliche Genehmigung in Konfliktfällen

Sind Arzt und Vertreter *unterschiedlicher Meinung* über den Willen des Patienten oder über die medizinische Indikation,[13] muss eine gerichtliche Genehmigung eingeholt werden (sog. *Konfliktfall*). Die betreuungsgerichtliche Genehmigung muss auch eingeholt werden, wenn *keine* Patientenverfügung vorliegt, aber Arzt und Vertreter unterschiedlicher Meinung über den Patientenwillen sind (§ 1904 II BGB).

Im Konfliktfall muss das Betreuungsgericht feststellen, ob der Abbruch von Behandlung und Ernährung dem wirklichen oder dem mutmaßlichen Willen des Patienten entspricht[14] und ob die Patientenverfügung rechtswirksam ist. Dazu muss es die Beteiligten anhören und ein Gutachten eines Sachverständigen einholen. Bejaht das Betreuungsgericht diese Frage, *muss* es die Nichteinwilligung des Vertreters in die Behandlung genehmigen, also den Behandlungsabbruch genehmigen (§ 1904 III BGB).

Die gerichtliche Genehmigung selbst macht die Umsetzung einer Patientenverfügung aber nicht rechtswirksam. Die Umsetzung einer Patientenverfügung bleibt, auch wenn die gerichtliche Genehmigung für den Abbruch erteilt ist, rechtswidrig, wenn ein valider Patientenwille fehlt.[15] Ist z. B. die Patientenverfügung gefälscht, waren ihre Voraussetzungen nicht eingetreten oder war sie widerrufen worden, dann ist der Behandlungsabbruch rechtswidrig, auch wenn die gerichtliche Genehmigung für diesen Behandlungsabbruch erteilt worden sein sollte. Die Beteiligten können sich folglich trotz der gerichtlichen Genehmigung strafbar machen. Wird andererseits *keine* gerichtliche Genehmigung eingeholt, ist bei entsprechendem Patientenwillen aber auch in Konfliktfällen der Behandlungsabbruch trotzdem rechtens und nicht strafbar.[16]

12 BGH, NJW 2005, 2385; BGH, NJW 2010, 2963 Rn. 15, 39.
13 BGH, NJW 2010, 2963 Rn. 24.
14 OLG München, BtPrax 2007, 79, 81.
15 BGH, NJW 2003, 1588, 1590.
16 Verrel C 28, C 98, C 99, C 121. Auch das BVerfG hat entschieden, dass der Vertreter rechtswirksam lebensverlängernde Maßnahmen verweigern kann (in einem Fall der Verweigerung von Bluttransfusionen durch den Vertreter einer Zeugin Jehovas, NJW 2002, 206, 207), und zwar auch ohne gerichtliche Genehmigung. BGH, NJW 2014, 3572 Rn. 14.

## Der Sinn der Genehmigung durch das Betreuungsgericht

Die gerichtliche Genehmigung hat also keine rechtfertigende oder rechtsbegründende (konstitutive) Wirkung. Das Betreuungsgericht wird nur als Kontrollorgan tätig. Der Sinn eines Genehmigungsbeschlusses besteht darin, dass für die Beteiligten vor Umsetzung der Patientenverfügung *Rechtssicherheit* geschaffen wird. Durch die gerichtliche Beteiligung beruht die Abbruchsentscheidung auf einer breiteren Informationsbasis, weil das Gericht Zeugen befragen und Gutachten einholen kann. Auch der Patient wird wegen der Überprüfung durch ein Gericht geschützt. Der Schutz besteht in einer erschöpfenden Ermittlung des wirklichen Willens des Patienten und in einem Schutz vor Missbrauch.

Wer sich die Risiken und Aufregungen wegen Unsicherheiten bei Umsetzung einer Patientenverfügung ersparen will, kann als Bevollmächtigter oder als Betreuer die Genehmigung des Betreuungsgerichts zum Behandlungsabbruch beantragen. Das Gericht genehmigt den Abbruch oder stellt fest, dass ein Einverständnisfall vorliegt, und erteilt dann ein »Negativattest« (siehe unten).

Wegen der gerichtlichen Prüfung und Genehmigung sind die Beteiligten weitgehend vor einem Strafverfahren geschützt. Denn die Rechtmäßigkeit des Behandlungsabbruchs ist bereits gerichtlich geprüft.

Die Genehmigung ist im Konfliktfall zwar einzuholen. Das Gesetz nennt aber *keine Sanktionen*, wenn die gerichtliche Genehmigung *nicht* eingeholt wird. Der Vertreter macht sich demnach nicht allein dadurch strafbar, dass er keine gerichtliche Genehmigung einholt.[17]

## Einverständnisfälle

In Einverständnisfällen ist eine gerichtliche Genehmigung *nicht* erforderlich. Ein Einverständnisfall liegt vor, wenn zwischen Vertreter und behandelndem Arzt Einvernehmen darüber besteht, dass der Abbruch von Behandlung und Ernährung dem Patientenwillen entspricht[18] (§ 1904 IV BGB). Aber auch in Einverständnisfällen kann ein Antrag auf betreuungsgerichtliche Genehmigung gestellt werden. Stellt das Gericht das Einvernehmen zwischen behandelndem Arzt und dem Vertreter über den Patientenwillen und die Indikation fest, hat es »weitere gerichtliche Ermittlungen abzulehnen und ein sogenanntes *Negativattest* zu erteilen, aus dem sich ergibt, dass eine gerichtliche Genehmigung nicht erforderlich ist«.[19] Liegt eine rechtswirksame Patientenverfügung vor und trifft diese Patientenverfügung auf die konkrete Behandlungssituation zu, hat »der Betroffene diese Entscheidung

17 Verrel, C 28, C 98, C 99.
18 BGH, NJW 2010, 2963 Rn. 17.
19 BGH, NJW 2014, 3572 Rn. 19, 20.

selbst in einer alle Beteiligten bindenden Weise getroffen«.[20] Weil der Betroffene die Abbruchsentscheidung bereits selbst getroffen hat, können Vertreter und Arzt keine eigene Entscheidung treffen, sondern setzen »nur eine im Voraus getroffene Entscheidung« des Patienten um.[21] Eine rechtswirksame Patientenverfügung kann deshalb ohne Bestellung eines Betreuers und ohne betreuungsgerichtliche Genehmigung umgesetzt werden. Bei Vorliegen einer validen Patientenverfügung fehlt auch die Erforderlichkeit für die Bestellung eines Betreuers.[22]

Die Entscheidung »*Wir machen nichts mehr!*« ist in Fällen u. a. von jahrelangem, unumkehrbarem Siechtum und Bewusstlosigkeit auf Dauer eine vielfach getroffene Entscheidung bei häuslicher und stationärer Behandlung und Pflege.[23] Dieses schon bisher gehandhabte Vorgehen ist also rechtens, wenn ein entsprechender ausdrücklicher oder mutmaßlicher Patientenwille vorliegt. Der Grund für die Rechtmäßigkeit ist, dass die rechtlich zwingend erforderliche Einwilligung des Patienten oder seines Vertreters in die weitere Behandlung und Ernährung fehlt und ohne diese Einwilligung eben nicht behandelt und ernährt werden darf.

## Missbrauchskontrolle durch das Betreuungsgericht

Besteht Anlass zu der Annahme, dass der Vertreter nicht entsprechend den Wünschen und dem Wohl des Patienten handelt, kann jedermann eine *Überprüfung durch das Betreuungsgericht* anregen. Die Betreuungsgerichte haben die allgemeine Missbrauchskontrolle.

20 BGH, NJW 2014, 3572 Rn. 13, 14, 18.

21 BT-Drs. 16/13 314, S. 22, 23; BGH, NJW 2003, 1588, 1589, 1590.

22 Kutzer, BtPrax 2005, 50, 51; MüKo-Schwab, § 1904 Rn. 22; »Grundsätze der Bundesärztekammer zur ärztlichen Sterbebegleitung«, DÄBl. 2011, A 346 Punkt IV.

23 Siehe auch Borasio u. a. in: Meier, S. 151; Höfling, S. 43–45.

**Zusammenfassung**

- Zunächst ist zu prüfen, ob medizinische Maßnahmen indiziert sind.
- Erst wenn ärztliche Maßnahmen indiziert sind, kommt es auf den Patientenwillen an. Der urteilsfähig (schriftlich oder mündlich) geäußerte Patientenwille ist verbindlich und von jedermann zu beachten. Für die Umsetzung dieses Patientenwillens muss kein Vertreter bestellt sein und keine gerichtliche Genehmigung vorliegen.
- Falls für den Patienten ein Vertreter bestellt ist, muss dieser den Willen des Patienten ermitteln.
- Im »Konfliktfall« bedarf der Abbruch lebenserhaltender Maßnahmen der Genehmigung des Betreuungsgerichts.
- Durch den Genehmigungsbeschluss des Betreuungsgerichts allein wird und ist der Behandlungs- und Ernährungsabbruch nicht rechtmäßig. Trotz der gerichtlichen Genehmigung ist der Abbruch lebenserhaltender Maßnahmen nur rechtmäßig, wenn er dem erklärten oder dem mutmaßlichen Willen des Patienten entspricht.
- Lehnt das Gericht eine Genehmigung des Abbruchs lebenserhaltender Maßnahmen ab, ist der Behandlungs- und Ernährungsabbruch trotzdem rechtmäßig und nicht strafbar, wenn er dem ausdrücklichen oder dem mutmaßlichen Willen des Patienten entspricht.

# 8. Das praktische Vorgehen bei Umsetzung einer Patientenverfügung und eines Patientenwillens

Sollen eine Patientenverfügung und ein Patientenwille umgesetzt werden, sind die Kenntnis der Rechtslage und der Möglichkeiten sensibler Vorgehensweisen wichtig.

## Sinnvoll ist die Verschaffung von Kenntnis der Rechtslage

Vielfach wird gegen den Vorschlag, die Behandlung und Ernährung entsprechend dem Willen des Patienten abzubrechen, argumentiert: »Wollen Sie dafür die Verantwortung übernehmen?« oder »Man darf niemanden sterben lassen!« Diese *Argumentation ist falsch*, wenn der Behandlungs- und Ernährungsabbruch dem ausdrücklichen oder mutmaßlichen Willen des Kranken entspricht. Hat der *Patient selbst* urteilsfähig den Abbruch von Behandlung und Ernährung angeordnet (schriftlich oder mündlich) und ist die konkrete Krankheitssituation eingetreten, dann ist dieser Patientenwille verbindlich und zu befolgen. Ärzte und Pflegende haben kein eigenes, vom Willen des Patienten unabhängiges Behandlungsrecht. Hat der Patient selbst keine Entscheidung im Voraus getroffen (z. B. in einer Patientenverfügung), kann ein Vertreter (also ein Bevollmächtigter oder ein Betreuer) anstelle des Patienten Entscheidungen treffen. Die Entscheidungen des Vertreters sind genauso verbindlich wie die Entscheidungen des Patienten selbst[1] (siehe auch Seite 61).

## Angehörige sollten sich zum Betreuer bestellen lassen

Angehörige, die nicht Vertreter sind, haben *kein* Entscheidungsrecht. Sie können sich vom Betreuungsgericht zum Betreuer mit einem entsprechenden Aufgabenkreis bestellen lassen. Damit sind sie amtlich legitimiert, die Abbruchsentscheidung als Vertreter zu treffen oder, wenn der Betroffene die Abbruchsentscheidung bereits selbst getroffen hat, diesen Patientenwillen durchzusetzen.[2] Wollen die

1 BGH, NJW 2005, 2385.

2 Nach OLG Frankfurt a. M., BtPrax 2007, 91, ist die Tochter als Betreuerin auch dann geeignet, wenn sie im Betreuungsverfahren mitgeteilt hat, sie werde als Betreuerin das Legen der

Angehörigen nicht Betreuer werden, müsste ein *Berufsbetreuer* bestellt werden. Die Berufsbetreuer weigern sich aber unter Umständen, auch einen validen Patientenwillen umzusetzen.[3]

## Die Inanspruchnahme von Ethikkomitees

Hilfreich kann die Inanspruchnahme von *Ethikkomitees, Ethikkommissionen* oder *Ethikberatungen* sein. Inzwischen sind bei Ärztekammern und an Krankenhäusern Ethikkonsile oder Ethikberatungen eingerichtet. Diese Ethikkonsile beraten die behandelnden Ärzte, Angehörige und Heimleitungen in Fragen der Therapiebegrenzung und des Therapieabbruchs. Die Berichte über die Tätigkeit dieser Ethikkomitees und -beratungen gehen dahin, dass das Selbstbestimmungsrecht Betroffener umfassend beachtet wird, insbesondere dann, wenn entsprechende Patientenverfügungen vorliegen.

## Sinnvoll sind die Inanspruchnahme eines Rechtsanwalts und Einigungsversuche

Erfolgreich wird es oft sein, einen *Rechtsanwalt* zu beauftragen. Der Rechtsanwalt kann Ärzte und Pflegende auf die Rechtslage hinweisen, insbesondere auf straf- und zivilrechtliche Konsequenzen. Er kann die Unkenntnis und Unsicherheit hinsichtlich der Rechtslage sachkundig korrigieren. Das wird oft überzeugen.

Auch bei Inanspruchnahme eines Rechtsanwalts sollte zunächst versucht werden, eine *gütliche Einigung* mit Ärzten, Heimleitungen und Pflegenden zu erreichen. Rechtliche Maßnahmen sollten erst dann ergriffen werden, wenn der Versuch einer gütlichen Einigung gescheitert ist.

Nach Putz / Steldinger (S. 83) führen Einigungsversuche mit Heimen *ohne Teilnahme* eines Rechtsanwalts »so gut wie immer dazu, die unsicheren Angehörigen mit einer falschen Darstellung der Rechtslage von ihrem Vorhaben abzubringen«. Die Inanspruchnahme eines Rechtsanwalts kann also eher zur Berücksichtigung eines Patientenwillens führen. Wesentlich ist auch, dass die Beratung durch einen Rechtsanwalt die naturgemäß unsicheren Angehörigen gegen die Vorwürfe von Ärzten und Heimen argumentativ stützen kann. Die Beratung über die Rechtslage kann die Angehörigen von Schuldgefühlen befreien.

Magensonde ablehnen, weil sie die Wünsche ihrer Mutter respektieren wolle. Ebenso OLG München, BtPrax 2007, 79.

3 Wie im Fall BGH, NJW 2010, 2963, 2964.

## Hinweis auf Strafbarkeit, fehlende Kostenerstattung und Schadensersatzpflicht

Ärzte oder Pflegende können sich bei Durchführung auch lebenserhaltender Maßnahmen, wenn diese vom Patienten nicht gewollt sind, wegen Körperverletzung strafbar machen.[4]

Krankenhäuser und Heime können darauf hingewiesen werden, dass *keine Ansprüche auf Erstattung* der Behandlungs-, Krankenhaus- und Pflegekosten bestehen, wenn die Voraussetzungen einer validen Patientenverfügung eingetreten sind. Der Arzt kann nur die Leistungen bezahlt erhalten, die der Patient »angefordert« hat. Wenn die konkrete Krankheitssituation eingetreten ist, für die der Patient in seiner Patientenverfügung oder einer sonstigen Willensäußerung Behandlungen untersagt hat, fordert der Patient keine Leistungen mehr an, sondern er lehnt sie ausdrücklich ab. Weder der Patient noch seine Kasse oder seine Versicherung müssen Leistungen bezahlen, die der Patient nicht wollte.

Sind dem Patienten Kosten durch eine nicht gewollte Pflege entstanden, können wegen dieser Kosten Schadensersatzansprüche bestehen. Denn diese Aufwendungen sind zulasten des Patienten gemacht worden, obwohl seine Einwilligung dazu fehlte. Im Fall der Patientin »Miss B« wurde das Krankenhaus, das den Wunsch von »Miss B« nicht erfüllt hatte, die sie am Leben haltenden Geräte abzuschalten, dazu verurteilt, die gerichtlichen Verfahrenskosten in Höhe von ca. 88.000 Euro zu tragen (»Die Welt« vom 23.3.2002). Das Gericht hatte die Einwilligungsfähigkeit von »Miss B« festgestellt und ihr das Recht zugesprochen, das Abschalten des Beatmungsgerätes verlangen zu können.

Das OLG München[5] hat (*vor* Inkrafttreten des Patientenverfügungsgesetzes) allerdings eine Schadensersatzklage abgewiesen, mit der geltend gemacht worden war, der Patient habe für die von ihm nicht gewollte Pflege u. a. Zahlungen aus seinem Vermögen machen müssen. Der Patient war irreversibel in einem Koma gewesen. Das OLG München verneinte eine Schadensersatzpflicht mit der Begründung, die Rechtslage im Fall des Sterbenlassens sei bisher »nicht hinreichend geklärt«. Mit dem Patientenverfügungsgesetz ist die Rechtslage aber nun geklärt. Deshalb werden sich die Heime in Zukunft nicht mehr auf ein fehlendes Verschulden berufen können und bei Nichtbeachtung der Patientenverfügung schadensersatzpflichtig sein.

4 Verrel, C 110; Hahne, FamRZ 2003, 1619, 1620.
5 GesR 2006, 524, 527.

## Beantragung eines Genehmigungsbeschlusses des Betreuungsgerichts

Der Vertreter des Patienten kann sich an *das Betreuungsgericht wenden* und die *Genehmigung zur Einstellung von Behandlung und Ernährung beantragen*. Die Geschäftsstelle des Amtsgerichts nimmt Anträge auf. Das Betreuungsgericht muss von Amts wegen tätig werden und ermitteln. Zur betreuungsgerichtlichen Genehmigung im Einzelnen siehe Seite 62.

## Verweigerung des Abbruchs von Behandlung und Ernährung durch Pflegende oder Heime

Der BGH hat entschieden, dass Heimträger und Pflegekräfte *nicht berechtigt sind*, eine künstliche Ernährung gegen den Willen des Bewohners fortzusetzen. Auch die Gewissensfreiheit gebe Ärzten und Pflegenden nicht das Recht, Patienten gegen ihren Willen zu behandeln und zu ernähren.[6]

## »Lasst mich doch zu Hause sterben!«[7]

Der Patient kann auch nach Hause geholt werden. Dieser Vorschlag wird meist »entsetzt zurückgewiesen«. Nach Putz/Steldinger (S. 86, 170) empfinden die Angehörigen aber später das Sterben »im eigenen Familienkreis als ein unverzichtbares Erlebnis«. Der Grund für die spätere Akzeptanz derartiger häuslicher Pflege wird sein, dass der Wunsch des Kranken oft dahin geht: »Lasst mich doch zu Hause sterben!«

## Die Probleme beim häuslichen Behandlungs- und Ernährungsabbruch

Steht der in urteilsfähigem Zustand gebildete Wille des Patienten dahin fest, dass er die weitere Behandlung und Ernährung ablehnt, dürfen Behandlung und Ernährung abgebrochen werden, etwa durch Ziehen des Steckers oder Abhängen der

6 BGH, NJW 2005, 2385, 2386; Verrel C 42, C 70. Im Fall des LG Waldshut-Tiengen (NJW 2006, 2270) hatte das Gericht dem Ehemann rechtskräftig genehmigt, bei seiner Ehefrau Ernährungs- und Flüssigkeitszufuhr abzubrechen. Trotz dieses Beschlusses hat sich das Heim geweigert, Ernährungs- und Flüssigkeitszufuhr abzubrechen. Eine Einrichtung in der Schweiz war bereit, die Flüssigkeitszufuhr abzubrechen, was aber ca. 7.000 sfr kosten sollte. Der Ehemann hat daraufhin seine Ehefrau nach Hause geholt und dort Ernährungs- und Flüssigkeitszufuhr beendet. Er hat berichtet, seine Ehefrau sei nach einer Woche »friedlich eingeschlafen«. Ein Verfahren gegen den Ehemann gab es nicht.

7 Titel eines Buches von Godzik/Muschaweck.

Sondenkost. Das ist rechtmäßig, weil Behandlung und Ernährung nur mit Einwilligung des Patienten erlaubt sind. Das ist keine strafbare aktive Sterbehilfe (siehe Seite 96). Denn das Ziel ist nicht ein Töten, sondern das Ziel ist die Beendigung der Behandlung, für die die rechtlich zwingend erforderliche Einwilligung fehlt. Mit dieser Begründung war im Fall des LG Ravensburg[8] der Ehemann, der dem Willen seiner Ehefrau entsprechend den Stecker des Beatmungsgerätes gezogen hatte, freigesprochen worden. Diese Rechtslage ist also sicher.

*Auch Angehörige* dürfen also die »Apparate« abstellen, wenn das dem urteilsfähigen Patientenwillen entspricht. Sie treffen dabei keine eigene Entscheidung. Sie setzen bei einer validen Patientenverfügung oder einem sonst geäußerten Patientenwillen nur die Entscheidung um, die der Patient selbst im Voraus getroffen hat.

## Es besteht das Risiko polizeilicher Ermittlungen und eines Strafverfahrens

Fehlt bei einem Behandlungs- und Ernährungsabbruch die gerichtliche Genehmigung, *kann es zu einem Strafverfahren* kommen, weil die Rechtmäßigkeit des Abbruchs bisher nicht gerichtlich festgestellt worden ist. Das *Risiko eines Strafverfahrens* ist auch nach hiesiger Auffassung aber gering, wenn die rechtlichen Voraussetzungen beachtet werden (so auch Putz/Steldinger, S. 102). Nach üblichen strafprozessualen Grundsätzen (»Im Zweifel für den Angeklagten«) muss den Angehörigen nachgewiesen werden, dass ihre Behauptung, der Patient habe den Abbruch gewollt, falsch ist. Das wird bei einem hochaltrigen, unumkehrbar bewusstlosen oder schwer dementen Patienten kaum möglich sein. Kann den Angehörigen ihre Einlassung nicht widerlegt werden, muss von der Richtigkeit ihrer Einlassung ausgegangen werden, sodass sie freigesprochen werden müssen.[9]

## Unlautere Motive der Angehörigen?

Bestätigen die Angehörigen einen ausdrücklichen oder mutmaßlichen Willen des Patienten gerichtet auf Abbruch lebensverlängernder Maßnahmen, wird man oft einem *Verdacht* nachgehen wollen, die Angehörigen wollten sich eines *lästigen und kostenintensiven Pflegefalls* (Heimkosten, Unterhalt) entledigen, sich einen Nachlass erhalten oder eine Erbschaft früher antreten. Das kann so sein. Derartige Motive der Angehörigen machen ihre Angaben über einen auf einen Behandlungs- und Ernährungsabbruch gerichteten (ausdrücklichen oder mutmaßlichen) Willen des

8 NStZ 1987, 229.
9 So auch Kutzer, FPR 2007, 59, 61.

Patienten aber nicht ohne Weiteres unglaubwürdig.[10] Der wirkliche oder der mutmaßliche Wille des Patienten und die finanziellen Motive der Angehörigen können durchaus gleichzeitig bestehen. Auch der Sieche wird oft nicht wollen (ausdrücklich oder mutmaßlich), dass sein Vermögen für eine Pflege ausgegeben wird, die er selbst nicht mehr wahrnehmen kann (siehe Seite 39).

## Zusammenfassung

Die Weigerung von Ärzten, Pflegenden und Heimen, Patientenverfügungen und einen Patientenwillen umzusetzen, muss nicht hingenommen werden. Es können verschiedene Maßnahmen ergriffen werden.

10 Das LG Heilbronn, NJW 2003, 3783, 3784, hat den Aussagen der Töchter »größten Beweiswert bei der Ermittlung des mutmaßlichen Willens« beigemessen.

# 9. Verweigerung und Unterlassen von Essen und Trinken, künstlicher und natürlicher Nahrungs- und Flüssigkeitszufuhr

## Auch die Ernährung ist nur mit einer Einwilligung des Patienten erlaubt

Die Rechtmäßigkeit des Abbruchs von Behandlung und Ernährung auch mit der Folge des Todes aufgrund eines schriftlich oder auch nur mündlich erklärten Patientenwillens folgt aus dem zentralen Rechtsgrundsatz des Arztrechts, dass ärztliche Maßnahmen nur mit einer Einwilligung des Patienten erlaubt sind. Fehlt die Einwilligung, sind trotzdem vorgenommene ärztliche Maßnahmen rechtswidrig.[1] Eine entgegen dem Willen des Betroffenen vorgenommene künstliche Ernährung ist ein »rechtswidriger Angriff gegen die körperliche Integrität und das Selbstbestimmungsrecht des Patienten«[2] (ausführlich siehe Seite 59).

Die *Fortsetzung* der künstlichen Ernährung bei bereits gelegter PEG-Sonde ist ebenfalls ein Eingriff in die körperliche Integrität des Patienten, sodass auch die Fortführung der künstlichen Ernährung bei entgegengesetztem Patientenwillen rechtswidrig ist.[3]

## Äußerung eines Patientenwillens durch Verweigerung von Essen und Trinken?

Patienten im Zustand der Pflegebedürftigkeit zeigen beim Anbieten von Nahrung und Flüssigkeit oft eine *Abwehrhaltung* durch Abwenden des Kopfes, Verschließen des Mundes, Abwehrbewegungen mit den Händen oder Ausspucken. Diese Nahrungsverweigerung kann verschiedene Ursachen haben. Zu ermitteln ist: Hat die Nahrungsverweigerung behebbare Ursachen oder ist sie ein durch Körpersprache einwilligungsfähig geäußerter Wille gerichtet auf einen Ernährungsabbruch?[4]

1 RGSt 25, 375, 382; RGZ 151, 349, 355.
2 BGH, NJW 2010, 2963 Rn. 18.
3 BGH, NJW 2003, 1588, 1589; BGH, NJW 2010, 2963 Rn. 17, 18.
4 Kolb, S. 19; Borker, S. 326, 329.

## Gibt es behebbare Ursachen für die Nahrungsverweigerung?

Wenn der Pflegebedürftige Essen und Trinken verweigert, ist zunächst nach *behebbaren Ursachen* für die Nahrungsverweigerung zu suchen. Es kann sein, dass der Patient grundsätzlich essen will, er aber Magenbeschwerden hat, schluckunfähig ist, Schmerzen beim Kauen und Schlucken hat, das Essen nicht als schmackhaft empfindet oder Medikamente Appetitlosigkeit verursacht haben. Es kann sein, dass der Patient das Anreichen der Nahrung wegen seiner Demenz nicht mehr versteht, und er nur deshalb Essen und Trinken verweigert, obwohl er durchaus essen und trinken will. Schließlich kann es sein, dass der Patient einfach mehr Zeit braucht, die natürliche Nahrung zu sich zu nehmen.

Das *Ziehen der PEG-Sonde* durch Demente muss kein Zeichen der Ablehnung der künstlichen Ernährung sein. Der Grund für das Herausziehen kann sein, dass die Sonde lästig ist oder als Behinderung der freien Beweglichkeit empfunden wird, wobei der Demente den Sinn und den Nutzen der PEG-Sonde nicht weiß oder vergessen hat.

## Ist die Nahrungsverweigerung eine valide Willensäußerung gerichtet auf den Abbruch der Ernährung (im Sinne eines Sterbewunsches)?

Es kann sein, dass der Patient bewusst Essen und Trinken verweigert, um sein Sterben einzuleiten.[5] Die Ablehnung von Essen und Trinken kann einem vom Patienten selbst gefühlten Beginn seines Sterbens entsprechen und deshalb eine von Einwilligungsfähigkeit getragene Äußerung und Entscheidung sein.

*Fall*: Der Schriftsteller *Thor Heyerdahl* (»Kon Tiki«) hat mit 87 Jahren, schwer erkrankt, ärztliche Hilfe und auch Essen und Trinken verweigert (»Sterbefasten«), weil er »in Würde sterben« wolle (Tageszeitungen vom 19.4.2002). Nach einer Woche sei er »sanft eingeschlafen«. Offenbar litt er also nicht unter Hunger und Durst.

Der Patient sollte in einen optimalen Zustand der Versorgung mit Flüssigkeit versetzt werden (evtl. durch Infusionen über einige Tage), und es sollte versucht werden, ihn durch Anreichen von Speisen und Zuwendung zu stimulieren. Wenn der Patient trotzdem nicht isst und trinkt und behebbare Ursachen für seine Nahrungsverweigerung ausgeschlossen sind, ist zu prüfen, ob die Nahrungsverweigerung eine ausdrückliche (evtl. nonverbal erklärte) oder mutmaßliche Patientenentscheidung gegen weitere natürliche und künstliche Ernährung ist.[6]

5 Borker, S. 294, 316.
6 Kolb, S. 86, 87.

Nach Kolb (S. 59, 87) ist auch der Schwerstdemente, der Essen und Trinken verweigert, im Blick auf diese Entscheidung *urteilsfähig*. Seine Ablehnung sei zu akzeptieren, auch wenn er dann sterbe. Auf ausbleibendes Essen und Trinken reagieren Menschen spontan wegen unerträglicher Hunger- und Durstgefühle. Säuglinge schreien wegen Hunger und Durst und äußern damit einen absoluten Lebenswillen, obwohl sie keineswegs urteilsfähig sind. Essen und Trinken sind also derart fundamentale menschliche Bedürfnisse, dass sie auch im Zustand absoluter Urteilsunfähigkeit wirksam geäußert werden können. Verweigere der Kranke trotzdem Essen und Trinken, sei die Ess- und Trinkverweigerung eine urteilsfähige Äußerung. Nach Wettstein u. a. (S. 137) »darf eine Ess- und Trinkverweigerung als verbindliche Willensäußerung im Sinne eines Sterbewunsches akzeptiert werden«, wenn therapierbare Ursachen ausgeschlossen sind. Unter diesen Umständen sei eine solche Willensäußerung »selbst bei einem Schwerstdementen als juristisch verpflichtend zu akzeptieren«. Die Nahrungsverweigerung durch Abwenden des Kopfes, Verschließen des Mundes usw. kann die einzige dem Patienten noch verbliebene Möglichkeit sein, seinen Willen zu äußern.

Zur Frage, ob der Patient beim Abbruch von Ernährung und Flüssigkeitszufuhr leidet, siehe Seite 32 und im Lexikon unter »Flüssigkeitszufuhr, Abbruch«.

## Der mutmaßliche Wille gerichtet auf Unterbleiben der Ernährung

Bei einem schwerstpflegebedürftigen oder dementen Patienten wird es oft sehr schwierig oder gar unmöglich sein, die Signale und das Verhalten richtig zu deuten. Hat der Pflegebedürftige schwere Krankheiten, erhebliche Einschränkungen, ist er bettlägerig, ist eine Kommunikation mit ihm nicht möglich und äußert er keinen Hunger und Durst, kann sein mutmaßlicher Wille dahin vorliegen, dass er weder natürlich noch künstlich ernährt werden möchte. Die Ernährung gegen seinen mutmaßlichen Willen wäre eine rechtswidrige Zwangsernährung.

## Die Annahme von Essen und Trinken entgegen vorheriger Ablehnung

Öffnet der Patient auf das Anbieten von Nahrung den Mund, kann dies die Äußerung eines Lebenswillens und damit ein (stillschweigender) Widerruf seiner Patientenverfügung oder aber auch nur ein Reflex sein. Ist der Patient einwilligungs*un*fähig, kann in dem Öffnen des Mundes zwar ein Widerruf seiner Patientenverfügung liegen, dieser Widerruf ist aber wegen seiner Einwilligungsunfähigkeit rechtlich unwirksam (siehe Seite 45).

## Fehlende Indikation für die Fortführung der Ernährung, »Therapiezieländerung«

Ärzte und Pflegende müssen Maßnahmen unterlassen, für die die *medizinische Indikation* fehlt.[7] In den nachfolgenden Fällen haben Gerichte die medizinische Indikation für die Durchführung einer künstlichen Ernährung verneint. Diese Entscheidungen, die den Tod der Patientinnen durch den Abbruch der Ernährung zur Folge hatten, haben in der Fachliteratur und in den Medien keine Diskussionen ausgelöst. Zur Indikation siehe auch Seite 59.

- Im Fall einer 74-jährigen Patientin u. a. mit frühkindlicher, schwerer Intelligenzminderung, einer halbseitigen Lähmung nach Schlaganfall im Jahr 2005, Bettlägerigkeit, Blindheit und Verweigerung der natürlichen Nahrungsaufnahme wurde die medizinische Indikation für eine *Sondenernährung* verneint, weil »kein sinnvolles Therapieziel mehr erreichbar« sei.[8]
- Im Fall des LG Berlin[9] war die Patientin »lediglich für kurze Zeitabschnitte ansprechbar, zur Aufnahme jedweder Kommunikation mit Ausnahme der Herstellung von Blickkontakten sowie zu einer sinnvollen Verständigung nicht mehr in der Lage«. Die Sachverständigen hatten die Fortführung der *künstlichen Ernährung* nicht als »sinnvolle Behandlungsmaßnahme« angesehen, hielten also ärztliche Maßnahmen nicht für indiziert.

Wojnar/Perrar (S. 52) schreiben: »Ist der Krankheitsverlauf schon sehr weit fortgeschritten und begleitet von einem ausgeprägten Abbau mit Immobilität, Sprachverlust, Inkontinenz sowie anderen schwerwiegenden körperlichen Erkrankungen oder befinden sich die Betroffenen bereits im Sterbeprozess, so sollte auf eine PEG-Anlage verzichtet werden.« Nach Borasio (in: Meier u. a., S. 152), ist das Legen einer Ernähungssonde »bei Patienten mit weit fortgeschrittener Demenz medizinisch nicht indiziert«, »weil sie weder zu einer Lebensverlängerung noch zu einer Verbesserung der Lebensqualität führt«. Das Legen einer PEG-Sonde sei sogar schädlich und ein ärztlicher Kunstfehler (Borasio, 2014, S. 32, 172, und Borasio, 2012, S. 114). Nach de Ridder (BtPrax 2009, 14, 15) ist bei Patienten in fortgeschrittenem oder finalem Demenzstadium eine Sondenernährung wegen Aspiration, Selbstentfernung der Sonde oder wegen schwerer Unruhezustände, die eine Fixierung notwendig machen, kontraindiziert. (Ebenso Chabot/Walther, S. 93. S. a. Lexikon unter »Künstliche Ernähung«.)

7 BGH, NJW 2003, 1588, 1592, 1593; Bundesärztekammer, Umgang mit Vorsorgevollmachten und Patientenverfügungen in der ärztlichen Praxis vom 30.6.2013, Punkt 10.2., DÄBl. 2013, A 1580.

8 OLG München, FamRZ 2007, 1128, 1129.

9 NJW 2006, 3014.

**Zusammenfassung**

- Behandlung und Ernährung sind nur mit der Einwilligung des Patienten oder seines Vertreters erlaubt.
- Eine Nahrungsverweigerung durch Abwehrhaltung oder ähnliche Reaktionen kann eine rechtswirksame Willensäußerung dahin sein, eine Ernährung und Flüssigkeitszufuhr zu verweigern.
- In schweren Krankheitsfällen kann die medizinische Indikation für die Fortführung einer künstlichen Ernährung fehlen.

# 10. Der mutmaßliche Wille

Auch aufgrund eines *nur mutmaßlichen Willens* des Patienten sind der Abbruch seiner Behandlung und seiner Ernährung rechtmäßig, und zwar auch mit der Folge seines Todes. Das muss überraschen. Die Verbindlichkeit eines auch nur mutmaßlichen Willens war aber immer schon geltendes Recht und ist nun auch im Patientenverfügungsgesetz ausdrücklich geregelt (§ 1901 a II 1 BGB).

## Der mutmaßliche Wille

Der mutmaßliche Wille ist der Wille, den der Patient äußern würde, könnte er sich jetzt in Kenntnis der aktuellen Situation einwilligungsfähig äußern. Der mutmaßliche Wille hat dieselbe rechtliche Bedeutung und dieselbe rechtliche Verbindlichkeit wie der ausdrücklich erklärte Wille. Mutmaßliche Einwilligungen oder mutmaßliche Ablehnungen von Behandlung und Ernährung sind also genau so zu beachten wie ausdrücklich erklärte Einwilligungen oder Ablehnungen. »Kann der todkranke Patient nicht mehr selbst entscheiden und wird für ihn auch kein Pfleger bestellt ..., so ist sein mutmaßlicher Wille und nicht das Ermessen der Ärzte rechtlicher Maßstab dafür, welche lebensverlängernden Eingriffe zulässig sind und wie lange sie fortgesetzt werden dürfen.«[1] Wird nach dem mutmaßlichen Willen des Patienten gehandelt, wird der Wille des Patienten umgesetzt.

*Das bedeutet*: Wird ein mutmaßlicher Wille des Patienten dahin festgestellt, dass er keine lebensverlängernden Behandlungen und Ernährung will, können Behandlung und Ernährung rechtmäßig unterlassen werden, auch wenn das den Tod des Patienten zur Folge hat.

## Der individuelle mutmaßliche Patientenwille

Im Patientenverfügungsgesetz heißt es: »Der mutmaßliche Wille ist aufgrund konkreter Anhaltspunkte zu ermitteln. Zu berücksichtigen sind insbesondere frühere mündliche oder schriftliche Äußerungen, ethische oder religiöse Überzeugungen und sonstige persönliche Wertvorstellungen« des Patienten (§ 1901 a II BGB). Von Bedeutung sind weiter die Einstellung des Patienten zur künstlichen Lebensver-

1 BGH, NJW 1991, 2357, 2358.

längerung, zum Leben ohne Bewusstsein oder in schwerster Demenz, zum Erleiden eines Siechtums und zum Tod sowie die verbleibende Lebenserwartung.[2]

Die Ermittlung des mutmaßlichen Willens muss nicht mit großen Schwierigkeiten verbunden sein. So liegt der mutmaßliche Wille oft auf der Hand. Für die Notfallbehandlung mit Heilungschancen wird in der Regel der mutmaßliche Wille des Patienten vorliegen. Das bewusstlose 25-jährige Unfallopfer ist mutmaßlich mit allen Rettungsmaßnahmen einverstanden, denn jeder will leben. Der mutmaßliche Wille kann fehlen, wenn die Behandlung mit an Sicherheit grenzender Wahrscheinlichkeit dem Patienten nicht nutzt. Das Beispiel ist eine Wiederbelebung, wenn mit Sicherheit mit irreversiblen, schwersten Gehirnschäden zu rechnen ist.

## Beispiele aus Gerichtsentscheidungen

Die Gerichte haben wiederholt einen Behandlungs- und Ernährungsabbruch auch mit der Folge des Todes für rechtens erklärt, nachdem ein entsprechender mutmaßlicher Wille festgestellt worden war. So im »*Kemptener Fall*« (BGH, NJW 1995, 204: Die Mutter war seit zweieinhalb Jahren unumkehrbar bewusstlos), im Fall des LG Heilbronn (NJW 2003, 3783: Die Patientin war nach mehreren Herzinfarkten und Hirninfarkt seit 13 Monaten im Koma), im Fall des OLG Karlsruhe (NJW 2004, 1882, 1883: eine 96 Jahre alte, kommunikationsunfähige Patientin), im Fall des OLG Frankfurt a. M. (NJW 1998, 2747: 85-jährige Patienten in irreversiblem Koma) und im Fall des LG Waldshut-Tiengen (NJW 2006, 2270, 2271: Die Patientin war seit sechs Jahren bewusstlos).

## Der mutmaßliche Patientenwille aufgrund allgemeiner Wertvorstellungen

Kann ein individueller mutmaßlicher Wille nicht festgestellt werden, so »kann und muss« (!) der mutmaßliche Wille des Patienten aus »*allgemeinen Wertvorstellungen*« ermittelt werden (BGH, NJW 1995, 204, 205; BGH, NJW 1988, 2310, 2311). Auch der aus derartigen allgemeinen Wertvorstellungen ermittelte mutmaßliche Wille eines Kranken rechtfertigt seinen Behandlungs- und Ernährungsabbruch (Verrel, C 92, C 120). Es ist allerdings bisher *keine gerichtliche Entscheidung* bekannt, in der ein aus allgemeinen Wertvorstellungen entnommener mutmaßlicher Patientenwille eine entscheidungserhebliche Bedeutung hatte.

Nach Schöch (NStZ 1995, 153, 155) entspricht »bei irreversiblem Bewusstseinsverlust eine Fortsetzung der Behandlung in der Regel eindeutig nicht dem mutmaßlichen Willen«. Niemand will »von Apparaten und Schläuchen abhängig,

2 BGH, NJW 1995, 204, 205; BGH, NJW 1988, 2310, 2311.

hilflos, reglos, bewegungslos, sinnlos und leblos« leben (Spöttl, Altenpflege 1994, 294, 296). »Niemand wünscht sich einen langsamen, qualvollen Siechtod und entwürdigende Abhängigkeit von Apparaten« (Dießenbacher, Universitas 1987, 905, 912). Nach Hiersche (56. Deutscher Juristentag, M 7, M 20) ist die Forderung, das Leiden bis zum bitteren Ende durchzustehen, die »doktrinäre Verschrobenheit« der Nichtbetroffenen. Lauter (R & P 1994, 115, 117) berichtet von Demenzkranken in einem fortgeschrittenen Stadium, die nicht mehr schlucken konnten und nach Anlegen der PEG-Sonde »monate- oder jahrelang in einem vegetativen Zustand« lebten, »ohne noch irgendwelche emotionalen Reaktionen zu zeigen«; er könne sich »kaum einen Menschen vorstellen, der in der Situation eines solchen Patienten nicht einen rascheren Tod vorziehen würde«.

Bereits die *Antike* hat sich mit dem Problem der Lebensverlängerung bei Gebrechlichkeit befasst. Zeus gewährte der Göttin Eos für ihren Geliebten Tithonos Unsterblichkeit. »Sie vergaß aber dabei zu bitten, dass er nicht älter würde ... So wurde er zuletzt so alt und schwach, dass man ihn von neuem in eine Wiege legen und wie ein kleines Kind warten musste. Er bat hierauf ..., dass er die Unsterblichkeit ablegen könnte« (Hederich, Sp. 488, 2387). Die in dieser Sage vorgeschlagene Grundentscheidung bei irreversiblem Siechtum ist also, das Sterben zu ermöglichen.

Besonders grausam sind die Bilder von Kranken, die nur noch ihre Hände bewegen können, die man ihnen aber bis zu ihrem Tod festbindet, weil sie sich die Sonden ziehen. In einem Fall versuchte der nicht ansprechbare 80-jährige Kranke immer wieder, sich die Trachealkanüle (durch die er atmete; zieht er sich die Kanüle, dann erstickt er), die PEG-Sonde und den Katheter zu ziehen, weshalb man ihm beide Hände am Bettgitter festband. In einem anderen Fall zog sich der Kranke, der nur durch eine Nasensonde ernährt werden konnte, immer wieder diese Sonde. Man band ihm während der 23 Stunden des Tages, während der er im Bett lag, beide Hände am Bettgitter fest.

## Die Reihenfolge bei der Ermittlung des Patientenwillens

Vorrangig beachtlich ist der *ausdrücklich schriftlich oder mündlich erklärte Wille* des Betroffenen (siehe auch Seite 59).

Erst wenn ein ausdrücklich schriftlich oder mündlich erklärter Wille des Patienten nicht festgestellt werden kann, kann/muss nach seinem *individuellen* mutmaßlichen Willen gefragt und entschieden werden.[3] Maßgeblich ist der subjektive Wille des Betroffenen. Die Vorstellungen anderer oder eines Vertreters dürfen nicht Entscheidungsmaßstab sein.

3 BGH, NJW 2014, 3572 Rn. 26, 27; BGH, NJW 1991, 2357, 2358.

Der mutmaßliche Wille des Patienten kann/muss aus Befragungen und Indizien ermittelt werden. Es ist festzustellen, »wie sich der Betroffene selbst in der konkreten Situation entschieden hätte, wenn er noch über sich selbst bestimmen könnte«.[4] Der mutmaßliche Wille wird dann evtl. erst in einem gerichtlichen Verfahren festgestellt werden können (siehe Seite 62). Die ärztliche Schweigepflicht gilt nicht, denn der Patient will, dass sein mutmaßlicher Wille richtig und sicher festgestellt wird.

## Mutmaßlicher Wille und Vertretung

Aber auch bei Bestellung eines Vertreters rechtfertigt der mutmaßliche Wille des Patienten allein den Behandlungs- und Ernährungsabbruch. Der Behandlungsabbruch aufgrund des mutmaßlichen Willens ist dann keine Entscheidung des Vertreters, sondern eine Entscheidung des Patienten selbst.

### Zusammenfassung

- Der *ausdrücklich erklärte Wille* des Patienten (mündlich oder schriftlich) ist verbindlich.
- Kann ein ausdrücklich erklärter Wille des Patienten nicht festgestellt werden, ist der *mutmaßliche Wille des Patienten entscheidend.*
- Der mutmaßliche Wille ist der Wille, den der Patient äußern würde, könnte er sich jetzt in Kenntnis der aktuellen Situation einwilligungsfähig äußern.
- Der mutmaßliche Wille hat dieselbe rechtliche Verbindlichkeit wie der ausdrücklich erklärte Wille. Auch ein nur mutmaßlicher Patientenwille rechtfertigt den Abbruch von Behandlung und Ernährung mit der Folge des Todes des Patienten. Es muss kein Vertreter bestellt sein. Es muss keine gerichtliche Genehmigung vorliegen.

4 BGH, NJW 2014, 3572 Rn. 26.

# 11. Ethik und Würde

Patientenverfügungen und Sterbehilfe werden vielfach unter den Aspekten von Ethik und Würde erörtert.

## Ethik

Wenn der Patient Lebensbeendigung für den Fall will, dass seine Personalität und sein Bewusstsein erloschen sind und er nur noch in einem vegetativen Zustand existieren kann, nimmt er das natürliche Geschehen an. Teils wird es als unethisch angesehen, diesem Patientenwillen entsprechend Behandlung und Ernährung abzubrechen. Wenn der Patient aber urteilsfähig Behandlung und Ernährung verweigert, können die Beteiligten bei Abbruch von Behandlung und Ernährung nicht unethisch handeln. Denn ihre Gewissensfreiheit hat ihre Grenze an dem entgegenstehenden Willen des Patienten (seinem Selbstbestimmungsrecht).

## Würde

Zum Tod gehört die Würde. Die Auffassungen dazu, was unter »Würde« zu verstehen ist, sind höchst unterschiedlich bis gegensätzlich.

Aus rechtlicher Sicht ist folgendes sicher: Menschenwürde bedeutet vor allem Selbstbestimmung. Die Selbstbestimmung und damit die Würde werden verletzt, wenn anstelle des Patienten andere über ihn Entscheidungen treffen.

Daraus folgt, dass es der grundgesetzlich garantierten Menschenwürde entspricht, dass Behandlung und Ernährung dann zu unterbleiben haben, wenn jemand urteilsfähig Behandlung und Ernährung ablehnt oder das im Voraus abgelehnt hat. Behandlung und Ernährung gegen den Willen des Menschen, also Zwangsbehandlung und Zwangsernährung, wären eine Verletzung seiner Würde. Sie würden sein unverlierbares Recht auf Selbstbestimmung missachten.

Nach hiesiger Auffassung gehört es eher zur Würde des Menschen und zur Würde seines Todes, dass er sein Schicksal (ausdrücklich oder mutmaßlich) entschlossen annimmt. Dann widerspricht es menschlicher Würde, bei unumkehrbarer völliger oder weitgehender Bewusstlosigkeit oder schwerster Demenz siechend, hilflos und kommunikationsunfähig mit künstlichen Mitteln am Leben gehalten zu werden. Menschlicher Würde entspricht das Enden, nicht das Verenden.

# Sterbehilfe

# 1. Beihilfe zum Suizid

## Suizid und Beihilfe zum Suizid

*Suizide* sind gezielte Handlungen in der Absicht, sich das Leben zu nehmen. Auch ein freiwilliger Verzicht auf Nahrung und Flüssigkeit (»FVNF«) in der Absicht, sich das Leben zu nehmen, ist ein Suizid.[1] Eine *Beihilfe zum Suizid* (= »assistierter Suizid«) liegt vor, wenn dem Suizidenten bei seinem Suizid geholfen wird, z. B. durch das Besorgen eines Giftes oder einer Pistole. Anstiftung und Beihilfe zum Suizid sind nicht strafbar.[2] Der Helfer kann sich strafbar machen, wenn der Suizident nicht freiverantwortlich handelt oder wenn der Helfer *nach* Eintritt der Handlungs*un*fähigkeit des Suizidenten keine Rettungsmaßnahmen ergreift.

Circa 10.000 Menschen sterben in Deutschland jährlich durch einen Suizid (2013: 10.067). In der überwiegenden Zahl der Fälle erfolgt dieser Suizid durch »harte Methoden« wie Erhängen, Ersticken, das Werfen vor einen Zug oder durch »Autofahrersuizide«. Deshalb wird der Standpunkt vertreten, die Ermöglichung eines Freitodes durch die Einnahme von Medikamenten sei menschlicher, als den Betroffenen nur die Möglichkeit eines gewaltsamen Todes in einer von ihnen als unerträglich empfundenen Situation zu lassen. Die Verweigerung eines assistierten Suizids bedeute auch, einem Kranken zuzumuten, noch länger unerträglich leiden zu müssen. Das Angebot »sanfter Methoden« könne Suizide überhaupt verhindern, weil die Patienten die Entscheidung zum Suizid zurückstellten, wenn sie wüssten, dass ihnen nach Eintritt einer aussichtslosen Lage wirksam geholfen wird.

## Geschäftsmäßig ausgeübte Beihilfe zum Suizid

Nach dem Gesetz vom 3.12.2015 »Strafbarkeit der geschäftsmäßigen Förderung der Selbsttötung«[3] macht sich strafbar, wer in der Absicht, die Selbsttötung eines anderen zu fördern, diesem hierzu geschäftsmäßig die Gelegenheit gewährt, verschafft oder vermittelt (§ 217 StGB). Geschäftsmäßigkeit liegt vor, wenn die Beihilfe zum Suizid regelmäßiger, organisierter Gegenstand einer Tätigkeit ist. Geschäftsmäßig handeln also Personen, die selbst oder für eine entsprechende Organisation (Sterbehilfeverein, z. B. »SterbeHilfeDeutschland«) regelmäßig und

1 Borasio, 2014, 98; Chabot/Walther, 101.
2 BGHSt 2, 150, 152; BGH, NJW 1984, 1469, 1470.
3 BGBl. I, S. 2177; in Kraft seit dem 10.12.2015.

von vornherein in der Absicht der Wiederholung bei einem Suizid helfen, indem sie z. B. entsprechende Medikamente oder geeignete Räumlichkeiten besorgen oder Sterbehelfer vermitteln. Geschäftsmäßigkeit liegt auch vor, wenn mit der Hilfeleistung kein Geld verdient wird.

Ausdrücklich straffrei bleiben nach diesem Gesetz Angehörige und nahestehende Personen, die beim Suizid helfen und dabei nicht geschäftsmäßig handeln. Straflos bleiben auch Ärzte, die einen »ärztlich assistierten Suizid« nicht regelmäßig anbieten, sondern nur im Einzelfall beim freiverantwortlichen Suizid helfen.

**Die nicht geschäftsmäßige Beihilfe zum Suizid ist aber – wie bisher – straffrei, allerdings nur unter diesen Voraussetzungen:**

### Der Suizident muss freiverantwortlich handeln

Freiverantwortlichkeit liegt vor, wenn der Suizident einwilligungsfähig handelt (zur Einwilligungsfähigkeit siehe Seite 42).

Der freiverantwortlich begangene Suizid ist bei Weitem die Ausnahme. Da der Mensch wegen seines kreatürlichen Lebenswillens üblich leben will, ist der Wille zu sterben in der Regel krankheitswertig. Der Suizident darf also nicht seelisch krank, nicht depressiv und nicht wahnhaft sein. Eine Krankheit wie z. B. eine Depression kann und muss behandelt werden. Ist die Ursache für den Todeswunsch ein als unerträglich empfundenes Leiden, muss versucht werden, dieses Leiden durch Medikamente, ambulante Dienste und insbesondere durch Hospizdienste erträglich zu machen. Der Suizidwunsch ist *meist nicht wirklich ein Todeswunsch*, sondern der Wunsch, ein als unerträglich empfundenes Leiden (körperlich und / oder seelisch) zu beenden. Vor einer Hilfe zum Suizid muss also geklärt werden, ob die Suizidalität *behandelbare oder behebbare Ursachen* hat.

Zu beachten ist, dass auch bei *ausdrücklichen, klaren und unmissverständlichen Äußerungen* Einwilligungs*un*fähigkeit vorliegen kann. Auch ein klar geäußerter Wille ist dann unbeachtlich und darf nicht vollzogen werden. Beispiele für Einwilligungsunfähigkeit trotz klarer Äußerungen sind Wahnkranke, Depressive, krankhaft Magersüchtige und Personen, die eine Kurzschlusshandlung begehen (z. B. aus Liebeskummer, bei familiären Problemen). Lehnt ein Suizident nach einer Tablettenvergiftung ausdrücklich und noch bewusstseinsklar seine Rettung ab, muss ihm trotzdem der Magen ausgepumpt werden. Denn seine Ablehnung der Rettung ist krankheitswertig. Das ergibt sich auch daraus, dass Suizidenten später zu mehr als 95 Prozent mit ihrer Rettung einverstanden sind.

Die *Freiverantwortlichkeit* ist nicht ohne Weiteres und oft nur mit psychiatrischer Fachkunde zu *erkennen*. Bei Suizidalität z. B. wegen Depression sind die intellektuellen Fähigkeiten meist weitgehend erhalten, sodass die Krankheitswertigkeit wegen der Fähigkeit zur Artikulation und der Bewältigung der täglichen Angelegenheiten nur mit Fachkunde zu erkennen ist.

Die Freiverantwortlichkeit fehlt, wenn der Suizident unter Täuschung, Nötigung oder Zwang gehandelt hat. Die Freiverantwortlichkeit kann fehlen, wenn die Überredung eine solche Intensität hat, dass sich der Suizident dem dadurch erzeugten Druck nicht entziehen kann.

Wer einem nicht freiverantwortlich (nicht einwilligungsfähig) handelnden Menschen ein Mittel zum Suizid besorgt, macht sich wegen eines Tötungsdelikts strafbar.

## Suizide mit Freiverantwortlichkeit des Suizidenten (»Bilanzsuizide«)

In den nachfolgend geschilderten Fällen haben die Patientinnen *Eckert* und »*Ärztin T.*« freiverantwortlich gehandelt. Ihnen war nach ernsthafter Abwägung der Tod das geringere Übel gegenüber dem fortdauernden, schweren Leiden. Ihr Wunsch zu sterben war nicht der Wunsch nach dem Tod an sich, sondern der rational gefasste und nachvollziehbare Entschluss, das unerträgliche Leiden zu beenden. Sie hatten nach ernsthafter Abwägung nicht das Leben verneint, sondern die Umstände, unter denen es gelebt werden soll. Ihrer Bilanz, dem Tod angesichts der Unerträglichkeit ihres Lebens den Vorzug zu geben, lagen keine psychische Krankheit, keine Verkennung von Tatsachen und keine fehlerhaften Abwägungen zugrunde.

- Der Arzt *Hackethal* hatte seiner Patientin *Hermy Eckert*, deren Tumor nach u. a. 15 Gesichtsoperationen erneut ausgebrochen war, auf deren ausdrücklichen Wunsch hin ein tödlich wirkendes Gift (Zyankali) besorgt. Die Patientin war über die Wirkung aufgeklärt worden. Hackethal hatte die Patientin verlassen und die Patientin hatte danach selbst das Gift getrunken. Die von der Staatsanwaltschaft gegen Hackethal erhobene Anklage wegen Tötung dieser Patientin ist vom OLG München (NJW 1987, 2940) nicht zugelassen worden. Das Gericht hat festgestellt, die Patientin habe freiverantwortlich gehandelt, und Beihilfe zum Suizid sei nicht strafbar.
- Die *Ärztin T.* war seit sechs Jahren an Multipler Sklerose erkrankt und schließlich weitestgehend bewegungsunfähig geworden. Der Schweizer Theologe und Psychologe *Rolf Sigg* hatte ihr das Medikament Natrium-Pentobarbital (siehe Lexikon) aus der Schweiz nach Berlin gebracht. Die Patientin hat das Gift selbst getrunken, woran sie »binnen der nächsten halben Stunde« starb. Der BGH (NJW 2001, 1802, 1804) hat ausdrücklich festgestellt, dass dieser Helfer »*nicht wegen eines Tötungsdelikts strafbar ist*«, denn die »eigenverantwortlich gewollte und verwirklichte Selbstgefährdung unterfällt grundsätzlich nicht den Tatbeständen eines Körperverletzungs- oder Tötungsdelikts, wenn das mit der Gefährdung vom Opfer bewusst eingegangene Risiko sich realisiert«.

## Der Suizident muss selbst handeln

Der Suizident muss den *lebensvernichtenden Akt selbst ausführen*, er muss bis zuletzt die *Tatherrschaft* haben, er muss das Geschehen durchgehend selbst beherrschen, er muss »bis zuletzt die freie Entscheidung über sein Schicksal« haben.

Trinkt der urteilsfähige Suizident das vom Helfer beschaffte Gift selbst, hat der Suizident die Tatherrschaft und der Helfer begeht eine straflose Beihilfe zur Selbsttötung. Flößt dagegen der Helfer dem Suizidenten das Gift ein, wenn auch auf dessen ausdrücklichen Wunsch, hat der *Helfer* die Tatherrschaft und er macht sich wegen eines Tötungsdelikts strafbar (§212 oder §216 StGB). Die Tatherrschaft über das Geschehen muss durchgehend beim Suizidenten bleiben.

## Der Anwesende muss retten

Der Suizid ist nach der bisherigen Rechtsprechung des BGH ein Unglücksfall, bei dem jedermann zur Hilfeleistung mit dem Ziel der Rettung verpflichtet ist. Für den Anwesenden besteht eine *Erfolgsabwendungspflicht*. Die Rettungspflicht beginnt, wenn der Suizident handlungsunfähig geworden ist.[4] Dann ist nach BGH ein »Unglücksfall« im Sinne des §323 c StGB eingetreten, in dem Hilfe geleistet werden muss.[5] *Wichtig*: Die Hilfepflicht besteht *nach* dem erfolgten Suizidversuch auch dann, wenn der Suizident bei seinem Selbsttötungsversuch *freiverantwortlich* handelte und den Tod weiterhin will. Die Rettungspflicht besteht für den Anwesenden nach derzeitiger Rechtsprechung also *auch bei einem Bilanzsuizid*.[6]

## Eine widersprüchliche Rechtslage

Ist also eine *ernste Gefahrenlage* für den Suizidenten entstanden, die der Suizident nicht mehr selbst abwenden kann, muss jedermann Rettungsmaßnahmen ergreifen, und zwar auch der Helfer, der vorher straffreie Hilfe zum Suizid geleistet hat.

Es ist *widersprüchlich*, dass der Helfer »straflos das Tötungsmittel zur Verfügung stellen« darf, dieser Helfer aber dann zur Rettung verpflichtet ist, wenn das Tötungsmittel wirkt und sich der Suizident aus der Gefahrenlage nicht mehr selbst befreien kann. Es ist nicht auszuschließen, dass die Obergerichte diese Rechtsprechung ändern werden, auch weil nach §217 II StGB (neue Fassung) Teilnehmer der Selbsttötung nunmehr ausdrücklich straffrei bleiben, wenn sie nicht geschäftsmäßig handeln.

4 BGH, NJW 1984, 2639, 2640, 2641.
5 BGH, NJW 1960, 1821.
6 BGH, NJW 1954, 1049, 1050; Kutzer, ZRP 2012, 135, 136, 137.

## In Ausnahmefällen besteht für Anwesende keine Erfolgsabwendungspflicht

- Im »*Fall Wittig*« (BGH, NJW 1984, 2639) hatte der Hausarzt seine Patientin, die ein tödlich wirkendes Schlafmittel eingenommen hatte, beim Hausbesuch noch lebend vorgefunden, aber keine Rettungsmaßnahmen eingeleitet. Der BGH hat ausgeführt, der Arzt sei wegen seiner Garantenstellung verpflichtet gewesen, Rettungsmaßnahmen zu ergreifen. Der BGH hat den Freispruch der ersten Instanz bestätigt, weil die Patientin wegen der weit fortgeschrittenen Vergiftung nur noch unter Inkaufnahme schwerer Dauerschäden hätte gerettet werden können. Deshalb sei die Entscheidung des Arztes, keine Rettungsmaßnahmen zu ergreifen, nicht »als unvertretbar« anzusehen.
- Im oben geschilderten Fall der *Ärztin T.* hatte der Helfer trotz seiner Anwesenheit keine Rettungspflicht, weil das Gift *so schnell wirkte*, dass Rettungsversuche »gescheitert wären« (BGH, NJW 2001, 1802, 1805).
- Eine Rettungspflicht besteht nicht, wenn beide Ehepartner Mitglieder einer Gemeinschaft sind, die *Blutübertragungen aus religiösen Gründen ablehnt*. Der ebenfalls diesem Glauben verhaftete Ehepartner muss nicht auf den anderen mit dem Ziel einwirken, ihn von der lebensgefährlichen, glaubensgemäß getroffenen Entscheidung abzuhalten (BVerfG, NJW 1972, 327, 330). In diesem Fall hatte die bis zuletzt bewusstseinklare Ehefrau Bluttransfusionen verweigert, sodass sie starb. Das BVerfG hat entschieden, der Ehemann habe sich wegen der Glaubensfreiheit nach Art. 4 GG durch sein Unterlassen von Rettungsmaßnahmen nicht strafbar gemacht.

## Keine Strafbarkeit bei Verlassen des freiverantwortlich handelnden Suizidenten

Die Rettungspflicht besteht *nur für Anwesende*. Deshalb ist das Strafverfahren gegen *Hackethal* nicht eröffnet worden, denn die Patientin *Eckert* hat das Gift erst getrunken, nachdem Hackethal sie verlassen hatte. *Der Helfer hat keine Rückkehrpflicht.*

## Keine Rettungspflicht bei einem Behandlungsabbruch aufgrund einer Patientenverfügung (oder einer mündlich geäußerten Verweigerung)

Auch wer eine Behandlung oder Ernährung verweigert, ist ein Suizident. Denn dieser Patient will durch Verweigerung von Behandlung oder Ernährung gezielt seinen Tod herbeiführen. Die gesetzliche Anerkennung von Patientenverfügungen bedeutet aber, dass keine Rettungspflicht besteht, wenn der Patient durch einen von ihm festgelegten Behandlungs- und Ernährungsabbruch stirbt. Der Sinn einer Patientenverfügung ist es geradezu, dass bei ihrer Umsetzung keine Rettungsmaßnahmen ergriffen werden müssen. Der Vertreter hat sogar die Pflicht, eine valide Patientenverfügung umzusetzen (§ 1901 a I 2 BGB).

*Beispiel*: Ein Patient mit Tumorerkrankung hat eine tödliche Dosis Tabletten eingenommen. Die Anwesenden müssen ihn nach derzeitiger Rechtslage vor dem Tod durch Vergiftung retten. Verweigert derselbe Patient schriftlich oder mündlich die Behandlung durch eine wahrscheinlich erfolgreiche Chemotherapie, besteht keine Rettungspflicht (etwa durch eine zwangsweise Durchführung der Therapie). Der urteilsfähige Patient darf eben Behandlung und Ernährung ablehnen.

## Der Unterschied zwischen Beihilfe zum Suizid und aktiver Sterbehilfe

Der entscheidende Unterschied zwischen Beihilfe zum Suizid und aktiver Sterbehilfe ist, wer die Tatherrschaft hat, wer also die unmittelbar zum Tod führende Handlung vornimmt. Beim »assistierten Suizid« handelt der Patient *selbst*, indem er z. B. selbst das Gift trinkt. Bei der aktiven Sterbehilfe führt der Helfer die zum Tod führende Handlung aus. Die Tatherrschaft liegt beim Helfer. Mit anderen Worten: Straffrei ist es, ein tödlich wirkendes Gift zu besorgen, wenn der urteilsfähige Betroffene dieses Gift selbst einnimmt. Strafbare aktive Sterbehilfe liegt vor, wenn der Helfer das Gift einflößt oder dem Patienten das tödliche Medikament spritzt.

Der Unterschied zwischen strafloser Beihilfe zum Suizid und aktiver Sterbehilfe ist also gering. Die Frage kann berechtigt sein, warum man selbst handeln muss und nicht einen anderen bitten darf, die erlösende Handlung vorzunehmen, und dieser andere dann anwesend bleiben und Zuwendung leisten kann. Für das Verbot der aktiven Sterbehilfe sprechen aber die Missbrauchs- und die Dammbruchgefahren. Wer sich nicht selbst überwinden kann, Hand an sich zu legen, gibt außerdem Anlass, an der Ernsthaftigkeit seines Todeswunsches zu zweifeln.[7] Weiter besteht eine erhebliche Hemmschwelle für den Suizidenten, selbst aktiv und in dem Bewusstsein zu handeln, sich nun zu töten. Wenn der Suizident allein ist, wird er eher einem (subtilen) Druck oder einer Nötigung widerstehen können.

## Suizid durch freiwilligen Verzicht auf Nahrung und Flüssigkeit (»FVNF«)

Der Betroffene kann aufgrund eigener, urteilsfähig getroffener Entscheidung rechtswirksam auf Nahrung und Flüssigkeit verzichten, auch wenn er dadurch stirbt (»Sterbefasten«). Denn auch Ernährung und Flüssigkeitszufuhr sind nur mit

7 Verrel, JZ 1996, 224, 226.

Einwilligung des Betroffenen erlaubt. Man kann sagen: Der freiwillige Verzicht auf Nahrung und Flüssigkeit macht eine Beihilfe anderer zum Suizid entbehrlich. Der Anwesende muss in diesem Fall nicht retten (siehe S. 91). Bei freiwilligem Verzicht auf Nahrung und Flüssigkeit tritt der Tod erst nach einigen Tagen ein. Ist der Betroffene noch selbst entscheidungsfähig, ist ein Vorteil, dass er sein Vorhaben jederzeit abbrechen kann. Bleibt der Patient auch während der doch mehreren Tage des Sterbefastens bei seinem Entschluss, bestätigt das die Ernsthaftigkeit seiner Entscheidung. Eine Kurzschlusshandlung mit evtl. fehlender Freiverantwortlichkeit wie bei einem gewaltsamen Freitod liegt nicht vor. Der Tod durch FVNF ist in der Regel friedlich. Das Sterbefasten ist nicht erbarmungslos, sondern kann für verzweifelte, aussichtslos leidende Menschen ein gangbarer Weg sein.[8] Zu den Problemen beim Abbruch von Ernährung und Flüssigkeitszufuhr siehe Seite 30.

## Sanktionen gegen den helfenden Arzt

Nach § 16 der Muster-Berufsordnung in der Fassung des Deutsches Ärztetages 2015 dürfen Ärzte »keine Hilfe zur Selbsttötung leisten«. Das kann bedeuten, dass einem Arzt nach einer Beihilfe zu einem Suizid durch ein Berufsgericht die Approbation entzogen wird wegen »Unwürdigkeit zur Ausübung des Arztberufs«. Es bleibt abzuwarten, ob wegen des Gesetzes über die »Strafbarkeit der geschäftsmäßigen Förderung der Selbsttötung« der Deutsche Ärztetag seine Berufsordnung ändert und / oder die Gerichte das berufsrechtliche Verbot einer Beihilfe zum Suizid für unwirksam erklären.

## Sterbehilfevereinigungen

In der *Schweiz* gibt es mehrere Sterbehilfe- und Suizidorganisationen (z. B. *EXIT*, *Suizid-Hilfe* oder *Dignitas*). Diese Gesellschaften helfen unter bestimmten Voraussetzungen beim straffreien Suizid. *Dignitas* und *Ex-International* leisten Suizidhilfe auch für Nichtschweizer. Die Nachfragenden sind überwiegend Krebskranke in »unerträglichen, ausweglosen Situationen«. Die Hürden sind: Es muss eine Reise in die Schweiz angetreten werden (was der Patient oft nicht mehr kann). Der Patient muss die Suizidhandlung selbst durchführen, was er ebenfalls oft nicht mehr kann. *Dignitas* verlangt ein schriftliches Einverständnis und die Anwesenheit eines Angehörigen. Ein Schweizer Arzt muss den Patienten untersucht haben. Es muss feststehen, dass der Patient einwilligungsfähig und kein Druck auf ihn ausgeübt worden ist. Palliative Maßnahmen müssen ausgeschöpft worden sein. Es wird berichtet, dass der Hilfe deshalb manchmal eine mehrmonatige Prüfungs-

8 Borasio, 2014, S. 99.

phase vorausgeht. Der Suizid erfolgt mit dem »Medikament« Natrium-Pentobarbital. Die Kosten betragen etwa 7.000 Euro.

Auf die Vorwürfe materieller Motive entgegnet Ludwig Minelli, der Gründer von *Dignitas*, seitens der Medizin, der Intensivmedizin, der Sondenernährung und der Pflegeeinrichtungen werde an Schwerkranken mit Abstand mehr Geschäft gemacht. Gegen den Vorwurf eines »Sterbetourismus« wendet er sich mit dem Hinweis, viele Patienten hätten nach den »äußerst konkreten Beratungsgesprächen« ihren Sterbewunsch wieder fallen lassen. Man sehe 70 Prozent dieser Patienten nicht wieder. *Dignitas* habe diesen Patienten die Hoffnung vermittelt, dass ihnen bei Unerträglichkeit wirksam geholfen werde. Wegen dieser Hoffnung hätten sie von ihrem Suizidwunsch Abstand genommen. Die Tätigkeit von *Dignitas* verhindere also Suizide. Die Tätigkeit der *Dignitas* biete die Möglichkeit, »nicht durch die Hölle gehen zu müssen« (FAZ v. 31.1.2003).

## Zusammenfassung

- Nach dem »Gesetz zur Strafbarkeit der geschäftsmäßigen Förderung der Selbsttötung« ist die Beihilfe zum Suizid strafbar, wenn sie geschäftsmäßig ausgeübt wird.
- Die nicht geschäftsmäßige Beihilfe zum Suizid ist straffrei, aber nur unter diesen Voraussetzungen:
  a. Der Suizident muss *freiverantwortlich* handeln.
  b. Der Suizident muss den »lebensvernichtenden Akt« selbst ausführen. Er muss das Geschehen durchgehend selbst beherrschen.
- *Nach einem Suizid ist jeder Anwesende* – auch der Helfer! – nach der derzeitigen Rechtsprechung *zur Rettung verpflichtet* ab dem Zeitpunkt, ab welchem der Suizident die Gefahrenlage selbst nicht mehr abwenden kann. Wer in diesem »Unglücksfall« nicht hilft, macht sich strafbar.
- Die Rettungspflicht besteht aber *nur für Anwesende*. Verlässt der Helfer den urteilsfähig handelnden Patienten und tötet sich der Patient erst dann, bleibt der Helfer straflos. Für den Helfer besteht *keine Rückkehrpflicht*.
- In bestimmten *Ausnahmefällen* bleibt der Anwesende straflos.
- Bei Umsetzung einer validen Patientenverfügung besteht keine Rettungspflicht.

# 2. Die aktive Sterbehilfe

## Aktive Sterbehilfe ist verboten und strafbar

Eine *aktive Sterbehilfe* ist das gezielte Töten auf Wunsch eines leidenden Menschen (z. B. Vergiftung, Erschießen). Eine aktive Sterbehilfe ist rechtswidrig und strafbar.[1] Deshalb kann die Anordnung aktiver Sterbehilfe nicht Gegenstand einer Patientenverfügung sein. Auch das Töten eines Kranken, um ihn von einem schweren Leiden zu erlösen (Mitleidstötung, Erlösungstod)[2] oder um sein Sterben zu erleichtern,[3] oder das Töten auf »ausdrückliches und ernstliches Verlangen« (§ 216 StGB) sind strafbare, aktive Sterbehilfe. Unbeachtlich ist, ob der Kranke nur noch kurze Zeit zu leben gehabt hätte.

1 Nach der vom BVerfG mit dem »Abtreibungsurteil« (NJW 1993, 1751) bestätigten Fristenlösung des § 218 a StGB ist der Schwangerschaftsabbruch zwar grundsätzlich rechtswidrig und verboten, aber er ist bei bestimmten Indikationen straflos. Die sonst selbstverständliche Strafbarkeit der aktiven Tötung menschlichen Lebens gilt gegenüber dem Embryo nicht. Die Legalisierung des Schwangerschaftsabbruchs hat die Erlaubnis zum aktiven Töten menschlichen Lebens erteilt. Es ist widersprüchlich, dass ein Embryo getötet werden darf, obwohl das Kind mutmaßlich unbedingt hätte leben wollen, das Leben eines schwer leidenden Menschen aber nicht beendet werden darf, auch wenn er darum ausdrücklich bittet. Der Embryo wird getötet, weil er ungelegen kommt und eine Last ist. Der zur Lebenssituation unpassend gezeugte Embryo muss die Mutter aber nicht belasten. Denn sie kann den Säugling zur Adoption freigeben. Die Zahl der adoptionswilligen Eltern übersteigt nach wie vor die Zahl der zur Adoption freigegebenen Säuglinge um ein Mehrfaches. Der belastende Pflegefall wird auch nicht getötet, sondern kommt in ein Heim. In jedem der Jahre seit dem »Abtreibungsurteil« lag die Zahl der Schwangerschaftsabbrüche deutlich über 100.000.

2 In absoluten, extremen Ausnahmefällen (objektiv unerträgliche und nicht beherrschbare Schmerzen), die einer Verallgemeinerung absolut nicht zugänglich sind, wird auch eine aktive Sterbehilfe erlaubt sein. Ein Fall nicht strafbarer, aktiver Sterbehilfe hätte z. B. nach dem Zusammenstoß zweier Autos im Kreis Gütersloh vorliegen können (Zeitungsberichte vom 16.9.2003). Beide Fahrer waren hinter ihrem Steuer eingeklemmt worden. Passanten hatten versucht, sie herauszuziehen, was ihnen nicht gelang. Beide Fahrer verbrannten. Ist in einem derartigen Fall eine Rettung absolut nicht möglich, wird eine vom Opfer verlangte Tötung erlaubt sein, bevor der Mensch minuten- oder gar stundenlangen Qualen des Verbrennens ausgesetzt sein würde.

3 BGH, NJW 1991, 2357, 2359.

## Der *Unterschied* zwischen einem rechtmäßigen Behandlungsabbruch aufgrund einer Patientenverfügung (oder einem sonst geäußerten Patientenwillen) und einer strafbaren, aktiven Sterbehilfe

Behandlung und Ernährung sind nur erlaubt mit einer Einwilligung des Patienten. Der urteilsfähige Patient kann die Einwilligung in Behandlung und Ernährung rechtswirksam verweigern, und zwar schriftlich oder auch nur mündlich. Er darf seinem Krankheitsprozess seinen Lauf lassen. Deshalb kann in einer Patientenverfügung das Unterbleiben von Behandlung und Ernährung rechtswirksam angeordnet werden (siehe auch Seite 30).

Bei der aktiven Sterbehilfe stirbt der Patient durch eine gezielte Handlung, die keinen Zusammenhang mit einer Behandlung oder einer Ernährung hat.[4] Dieses gezielte Handeln (z.B. ein Vergiften) könnte ebenso einen Gesunden töten. Der entscheidende Unterschied ist also, ob es sich um eine Behandlung handelt oder nicht (»*Behandlungsbezogenheit*«).

Deshalb kann ein äußerlich aktives Tun wie das Durchtrennen einer Ernährungssonde oder das Abstellen eines Beatmungsgerätes[5] rechtmäßig sein. Entscheidend ist, ob damit entsprechend einem Patientenwillen Behandlung und Ernährung abgebrochen werden. Das Ziel ist die Beachtung des Patientenwillens. Behandlung und Ernährung gegen den Willen des Patienten wären rechtswidrig.

Zu den *Unterschieden* zwischen aktiver Sterbehilfe und einem »Abbruch bei Sterbenden« siehe Seite 22, einer »Schmerztherapie mit Sterberisiko« siehe Seite 30 und einer »Beihilfe zum Suizid« siehe Seite 92.

## Die Rechtslage in den Niederlanden

In den *Niederlanden* ist aktive Sterbehilfe weiterhin grundsätzlich strafbar. Durch ein Gesetz aus dem Jahr 2001 ist aktive Sterbehilfe bei Erfüllung bestimmter Voraussetzungen *für Ärzte aber straffrei*. Die Voraussetzungen für die Straffreiheit sind: 1. Der Patient muss freiwillig und nach reiflicher Überlegung um Sterbehilfe gebeten haben. 2. Der Arzt muss der Überzeugung sein, dass der Zustand des Patienten aussichtslos und sein Leiden unerträglich ist, und zwar in körperlicher oder auch in psychischer Hinsicht. 3. Der Patient muss über seinen Zustand und die

4 BGH, NJW 2010, 2963 Rn. 33.

5 LG Ravensburg, NStZ 1987, 229, und MDR 1987, 196. In diesem Fall hatte der Ehemann auf Bitten seiner leidenden Ehefrau das Beatmungsgerät abgeschaltet. Das LG Ravensburg hat den Ehemann freigesprochen. Der Ehemann hat nicht aktiv getötet, sondern die Behandlung abgebrochen, für die die Einwilligung der Patientin fehlte. Hätte der Ehemann seine Ehefrau vergiftet, hätte er sich wegen Tötung auf Verlangen strafbar gemacht. Ebenso BGH, NJW 2010, 2963 Rn. 31–36.

Behandlungsaussichten informiert worden sein. 4. Es darf keine angemessene andere Lösung geben. 5. Es muss ein zweiter, unabhängiger Arzt hinzugezogen werden. 6. Die Lebensbeendigung muss medizinisch sorgfältig ausgeführt werden. 7. Der Arzt muss den »kommunalen Leichenbeschauer« über die Sterbehilfe informieren. 8. Eine Kontrollkommission überprüft dann nach (!) dem Tod die Rechtmäßigkeit.

Ist der Patient in einem Zustand, dass er seinen Willen nicht mehr äußern kann, darf die aktive Sterbehilfe auch aufgrund einer urteilsfähig errichteten *Patientenverfügung* erfolgen. In diesem Fall darf in den Niederlanden aktive Sterbehilfe auch bei Komapatienten und Dementen geleistet werden.

Die *Kritik* an dieser gesetzlichen Erlaubnis der aktiven Sterbehilfe ist, dass das Tötungsverbot ausgehöhlt werde. Es bestehe die Gefahr des Dammbruchs. Töten auf Druck naher Angehöriger sei nicht ausgeschlossen. Viele Fälle aktiver Sterbehilfe würden nicht gemeldet. Eine absolute Kontrolle der Einhaltung der gesetzlichen Voraussetzungen sei nicht möglich.

Die *Befürworter* der Legalisierung der aktiven Sterbehilfe sehen darin die Möglichkeit, ein bitteres Ende für Patienten zu verhindern. In Fällen unerträglichen Leidens sei die Sterbehilfe ein humaner Akt der Barmherzigkeit.

Auch *ausländische Patienten* können in den Niederlanden aktive Sterbehilfe erhalten. Die Voraussetzung ist, dass zwischen dem Arzt und dem Patienten ein Vertrauensverhältnis besteht. Ein derartiges Vertrauensverhältnis kann entstanden sein, wenn der Arzt den Patienten längere Zeit gekannt und behandelt hat.

**Zusammenfassung**

- Aktive Sterbehilfe ist das gezielte Töten eines leidenden Menschen auf dessen Wunsch.
- Aktive Sterbehilfe ist verboten und strafbar. Strafbar sind auch eine Mitleidstötung und eine Tötung auf ausdrückliches und ernstliches Verlangen.
- Kein Fall einer strafbaren, aktiven Sterbehilfe liegt vor, wenn entsprechend dem ausdrücklichen (schriftlich oder mündlich) einwilligungsfähig geäußerten oder dem mutmaßlichen Patientenwillen Behandlung, Ernährung und Flüssigkeitszufuhr unterlassen werden.

# Weitere Vollmachten und Verfügungen

# 1. Die Vorsorgevollmacht

## Was ist eine Vorsorgevollmacht?

Nach Unfall, durch Krankheit oder wegen Alters kann ein Zustand eintreten, in dem man nicht mehr selbst seine Angelegenheiten (notwendige Zahlungen, Verträge, Aufenthalt, Hilfen) besorgen kann. Mit einer Vorsorgevollmacht kann ein Bevollmächtigter im Fall der Handlungsunfähigkeit des Vollmachtgebers für diesen notwendige rechtsgeschäftliche Handlungen vornehmen. Hat der Handlungsunfähige nicht rechtzeitig einen Vertreter bestellt, wird das Betreuungsgericht für ihn einen Betreuer bestellen müssen. Eine Vorsorgevollmacht ist nichts anderes als eine übliche Vollmacht. Von einer *Vorsorge*vollmacht spricht man, wenn die Vollmacht vorsorglich für den Fall des Eintritts der eigenen Handlungsunfähigkeit erteilt wird.

## Ehepartner und Angehörige

Die *Stellung als Ehepartner oder sonstiger Angehöriger* begründet keine Vertretungsmacht für einen Volljährigen. Ehepartner, Eltern und erwachsene Kinder können einander nur vertreten, wenn sie Bevollmächtigte oder vom Gericht bestellte Betreuer sind.

## Die Bedeutung und Wirkung einer Vollmacht

Mit der (Vorsorge-)Vollmacht wird *eine Vertretungsmacht* erteilt. Den Umfang der Vertretungsmacht bestimmt der Vollmachtgeber. Der Bevollmächtigte kann bei einem entsprechenden Vertretungsumfang z. B. das Vermögen verwalten und verschenken, Geld abheben, ein Konto überziehen, eine Wohnung kündigen, einen Heimvertrag schließen, in medizinische Maßnahmen, in Ernährung und in Flüssigkeitszufuhr einwilligen oder die Einwilligung verweigern. Der Vollmachtgeber wird durch die Entscheidungen seines Bevollmächtigten unmittelbar berechtigt oder verpflichtet. Die Entscheidungen des Vertreters haben dieselbe Wirkung, als hätte der Vollmachtgeber sie selbst getroffen. Für die Aufgabenkreise, für die eine Vollmacht erteilt ist, darf kein Betreuer bestellt werden.

Von dieser Wirkung im »Außenverhältnis« zu anderen ist das »Innenverhältnis« zwischen Vollmachtgeber und Bevollmächtigtem zu unterscheiden. Rechtsgeschäfte und sonstige Erklärungen des Bevollmächtigten verpflichten den Vollmachtgeber auch dann, wenn im Innenverhältnis etwas anderes vereinbart ist (siehe Seite 110).

## Form für die Errichtung einer Vollmacht

Vorsorgevollmachten sind grundsätzlich *formlos gültig*. Auch die nur mündlich oder nur durch schlüssiges Verhalten (z. B. unter Ehepaaren) erteilte Vollmacht ist wirksam. Ihr Bestehen muss aber ggf. bewiesen werden, was bei nur mündlicher Erteilung oft unmöglich ist. Aus *Beweisgründen* sollte die Vollmachtserteilung deshalb schriftlich erfolgen. Im Geschäftsverkehr werden Vollmachten aus Gründen der Rechtssicherheit in der Regel nur anerkannt werden können, wenn sie notariell beglaubigt oder beurkundet sind. Außerdem muss, um vertreten zu können, in der Regel das Original der Vollmacht vorgelegt werden. Nur handschriftlich erteilte Vollmachten sind wegen der Möglichkeit der Unterschriftsfälschung nicht verkehrsfähig.

Vollmachten für die Einwilligung, die Nichteinwilligung und den Widerruf einer Einwilligung in medizinische Risikobehandlungen, in freiheitsentziehende Maßnahmen, in Unterbringungen, in ärztliche Zwangsmaßnahmen während einer Unterbringung und im Fall des Abbruchs lebenserhaltender Maßnahmen müssen diese Maßnahmen ausdrücklich umfassen und schriftlich erteilt sein (§§ 1904 V, 1906 V BGB). In diesen Vollmachten muss ausdrücklich festgelegt sein, dass die Entscheidung des Bevollmächtigten mit der »begründeten Gefahr des Todes oder eines schweren und länger dauernden gesundheitlichen Schadens verbunden sein kann«; das gilt auch für Vorsorgevollmachten, die vor dem 1.9.2009 errichtet worden sind (BGH vom 6.7.2016, XII ZB 61/16, Rn. 18–23). Siehe auch die Seiten 30 und 41 Fn. Der Aufgabenkreis des Betreuers muss diese Maßnahmen nicht ausdrücklich umfassen. Beim Betreuer reicht also auch für die Befugnis zum Abbruch lebenserhaltender Maßnahmen ein Aufgabenkreis wie »Sorge für die Gesundheit« aus.

## Für die Erteilung einer Vollmacht ist Geschäftsfähigkeit erforderlich

Eine Vollmacht ist nur *rechtswirksam*, wenn der Vollmachtgeber bei der Erteilung geschäftsfähig ist. Geschäfts*un*fähig ist, »wer sich in einem die freie Willensbestimmung ausschließenden Zustand krankhafter Störung der Geistestätigkeit befindet« (§ 104 Nr. 2 BGB). Geschäftsfähig ist also, wer unbeeinflusst von Geistesstörungen »auf Grund einer Abwägung des Für und Wider« nach sachlicher »Prüfung der in Betracht kommenden Gesichtspunkte« entscheiden kann.[1] Grundsätzlich besteht eine Vermutung für das Vorliegen von Geschäftsfähigkeit. Wer sich auf die Geschäfts*un*fähigkeit beruft, muss also das Vorliegen der Geschäftsunfähigkeit beweisen.[2]

1 BGH, NJW 1970, 1680, 1681.
2 BayObLG, Rpfleger 1982, 286.

Die wirksam erteilte Vollmacht bleibt nach Eintritt der Geschäfts*un*fähigkeit des Vollmachtgebers *weiter wirksam* und erlischt nicht (§§ 672, 168 BGB).

## Wirksamwerden erst durch Abgabe und Zugehen der Vorsorgevollmacht

Die Vollmacht muss *mit dem Willen ihres Errichters in den Rechtsverkehr* gelangen. Verwahrt der Vollmachtgeber die Urkunde bei sich, wird er geschäftsunfähig und nimmt der Berechtigte dann die Urkunde entsprechend dem Willen des Vollmachtgebers an sich, dann ist die Urkunde mit dem Willen des Vollmachtgebers in den Rechtsverkehr gelangt und damit »abgegeben« (Zimmermann, Rn. 44). Denn für diesen Gebrauch hat der Vollmachtgeber die Vollmacht ausgestellt. Die Vollmacht wird *nicht* wirksam, wenn der Vollmachtnehmer die Urkunde *gegen den Willen* des noch handlungsfähigen Vollmachtgebers an sich nimmt. Dann ist die Vollmacht nicht abgegeben und deshalb nicht wirksam geworden.[3] Verträge, die dieser Nichtbevollmächtigte unter Vorlage der Vollmachtsurkunde abschließt, sind unwirksam. Bei unvorsichtiger Verwahrung kann aber derjenige, der sich auf die vorgelegte Vollmacht verlassen hat, Schadensersatzansprüche haben.

## Annahme durch den Bevollmächtigten, Geschäftsfähigkeit des Bevollmächtigten

Eine *Annahme* der Vollmacht durch den Bevollmächtigten ist nicht erforderlich.

Der Bevollmächtigte kann die Übernahme der Vollmacht ablehnen. Er muss nicht tätig werden (es sei denn, es besteht ein Vertrag).

Die Vollmacht wird nicht wirksam, wenn der *Bevollmächtigte* beim Zugang geschäfts*un*fähig ist. Die Vollmacht erlischt, wenn der Bevollmächtigte dauernd *geschäftsunfähig wird.* Der geschäftsunfähige Bevollmächtigte kann nicht rechtswirksam vertreten.

## Anordnung des Wirksamwerdens erst bei Eintritt der Geschäftsunfähigkeit?

Die Vollmacht sollte *unbedingt erteilt* und nicht vom Eintritt der Geschäftsunfähigkeit oder einer sonstigen Bedingung abhängig gemacht werden. Soll die Vorsorgevollmacht *erst mit Geschäftsunfähigkeit des Vollmachtgebers wirksam* werden (»Für den Fall meiner Geschäftsunfähigkeit erteile ich Vollmacht …«), kann das zu einer kaum behebbaren Ungewissheit führen, ob die Vollmacht wirksam geworden ist

3 BGH, NJW 1975, 2101, 2102.

oder nicht. Der Bevollmächtigte müsste bei jedem Gebrauch der Vollmacht nachweisen, dass der Vollmachtgeber jetzt geschäftsunfähig ist. Im rechtsgeschäftlichen Verkehr werden derartige Vollmachten kaum anerkannt werden können.

### Vollmacht über den Tod hinaus

Eine Vollmacht erlischt »im Zweifel« *nicht durch den Tod* des Vollmachtgebers (§§ 168 S. 1, 672 S. 1 BGB). Ist der Fortbestand der Vollmacht über den Tod hinaus gewünscht, sollte das ausdrücklich in der Urkunde angeordnet werden.

Der Vollmachtgeber kann anordnen, dass die Vollmacht *erst mit seinem Tod wirksam* wird. Dies kann gewünscht sein, wenn der Bevollmächtigte erst nach dem Tod des Vollmachtgebers Zahlungen vornehmen oder über Konten verfügen soll.

Bleibt die Vollmacht über den Tod hinaus wirksam (»transmortale Vollmacht«) oder wird sie erst mit dem Tod wirksam (»postmortale Vollmacht«), kann der Bevollmächtigte nach dem Tod des Vollmachtgebers über den Nachlass verfügen und für die Erben handeln. Er kann von den Konten des Erblassers Rechnungen (Beerdigung) begleichen und mit der Erbauseinandersetzung beginnen. Das kann sachgerecht sein, um den Zeitraum bis zur Klärung der Erbfolge (Erteilung des Erbscheins) zu überbrücken. Zu bedenken sind die Missbrauchsgefahren. Der Bevollmächtigte vertritt die Erben des Vollmachtgebers. Die Erben können die Vollmacht widerrufen.

## 10. Erläuterungen zu den Begriffen in Vorsorgevollmachten

### *Die Generalvollmacht*

Das Muster dieses Buches »Patientenverfügung mit Vorsorgevollmacht« enthält auch das Muster einer »Generalvollmacht«. Die Generalvollmacht nach diesem Muster berechtigt zur Vertretung in allen *Vermögens*angelegenheiten (*ohne* persönliche Angelegenheiten). Die Aufzählung einzelner Angelegenheiten oder Rechtsgeschäfte ist nicht erforderlich.[4]

Bei ganz außergewöhnlichen Geschäften wird zur Anerkennung im Rechtsverkehr eine Einzelaufzählung empfohlen (Bühler, FamRZ 2001, 1585, 1587). Das verschafft dem Vollmachtgeber Klarheit und dem Geschäftsgegner Sicherheit über den Umfang der Vollmacht. Der Zusatz könnte lauten: »Insbesondere sind von

4 OLG Düsseldorf, BtPrax 1997, 904.

dieser Generalvollmacht erfasst, ohne dass durch diese Aufzählung eine Beschränkung der Vollmacht getroffen wäre: ...............................«.

Die Missbrauchsgefahr bei Ausstellung einer Generalvollmacht ist groß (siehe S. 108–110). Eine Generalvollmacht hat andererseits den Vorteil, dass der Vollmachtgeber für alle Angelegenheiten vorgesorgt hat. Er hat keine Angelegenheit »vergessen«, sodass eine Betreuerbestellung wegen Regelungslücken vermieden wird.

***Die Spezialvollmacht***

Eine Vollmacht kann auch für nur einzelne Geschäfte (z. B. nur für bestimmte Vermögensangelegenheiten) erteilt werden (»Spezialvollmacht«). Diese Angelegenheiten müssen dann einzeln aufgelistet werden.

***Die Bankvollmacht***

Beschränkt sich der Bereich der zu regelnden Angelegenheiten auf *Kontoverfügungen* und übliche, einfache *Bankgeschäfte*, ist die Erteilung einer bankintern beglaubigten Vollmacht auf bankeigenen Formularen ausreichend (Kontovollmacht, Depotvollmacht). Auch wenn bereits eine Vollmacht ausgestellt worden ist, sollte (evtl. zusätzlich) eine Bankvollmacht erteilt werden, weil die Banken diese unter ihrer Kontrolle erstellten Vollmachten problemloser anerkennen.

## Änderungs- und Ergänzungsmöglichkeiten einer Vorsorgevollmacht

***Gegenseitige Bevollmächtigung***

Eine gegenseitige Bevollmächtigung kann so aussehen: »Wir bevollmächtigen uns gegenseitig, jeweils mit dem Recht der Alleinvertretungsbefugnis, zur Vertretung in allen persönlichen, höchstpersönlichen und Vermögensangelegenheiten, soweit dies gesetzlich zulässig ist.«

***Mehrere Bevollmächtigte***

Es können *verschiedene Personen* für jeweils *verschiedene Angelegenheiten* bevollmächtigt werden. Einer Vertrauensperson könnte die Vollmacht für die persönlichen Angelegenheiten (Gesundheit) und einem Fachmann die Vertretung in Vermögensangelegenheiten übertragen werden.

***Gesamtvertretung – Alleinvertretung***

Es können *mehrere Personen* bevollmächtigt werden. Dabei sollte bestimmt werden, ob sie nur gemeinsam vertreten können (Gesamtvertretung, »Und-Vollmacht«) oder ob jeder allein vertreten kann (»Oder-Vollmacht«). Bei nur gemeinsamer Vertretungsbefugnis mehrerer Personen können diese Personen nur gemeinsam handeln, also z. B. nur alle gemeinsam über Konten verfügen oder Geld abheben. Bei dieser Gesamtvertretung kontrollieren sich die Bevollmächtigten demnach gegenseitig, was sich bei wichtigen Geschäften empfehlen kann, z. B.: »Über Grundbesitz können meine Bevollmächtigten nur gemeinsam verfügen.«. Eine Gesamtvertretung kann auch erwünscht sein, wenn der Vollmachtgeber keinen seiner Angehörigen übergehen möchte. Die Gesamtvollmacht kann zu Problemen führen, wenn z. B. einer der Gesamtbevollmächtigten abwesend ist. Es sollte bestimmt werden, wer bei *Meinungsverschiedenheiten* unter den Bevollmächtigten *das Entscheidungsrecht* hat.

***Ersatzvollmacht***

Es können ein oder mehrere *Ersatzbevollmächtigte* benannt werden (der Bevollmächtigte kann durch Abwesenheit, Krankheit oder Widerruf ausfallen). Auch der Ersatzbevollmächtigte sollte unbeschränkt vertretungsberechtigt sein. Intern können andere Regelungen getroffen werden (siehe S. 110–111).

***Untervollmacht***

Es kann sinnvoll sein, dem Bevollmächtigten zu gestatten, eine Untervollmacht zu erteilen: »Mein Bevollmächtigter darf Untervollmachten erteilen.« Das kann sinnvoll sein, damit der Unterbevollmächtigte dem Bevollmächtigten einzelne Angelegenheiten abnimmt oder damit auch bei Verhinderung des Bevollmächtigten gehandelt werden kann. Der Unterbevollmächtigte vertritt in der Regel nicht den Bevollmächtigten, sondern den Vollmachtgeber.

***Insichgeschäfte (»Selbstkontrahieren«)***

Geschäfte sind *Insichgeschäfte*, wenn auf beiden Seiten des Rechtsgeschäfts *nur ein und dieselbe Person* handelt. Es gibt zwei Arten von Insichgeschäften:

Beim *Selbstkontrahieren* schließt der Vertreter einen Vertrag zwischen seinem Vollmachtgeber und sich. *Beispiel*: Dem Vollmachtgeber gehört ein Haus. Der Bevollmächtigte kauft selbst dieses Haus. Die Erklärungen als Verkäufer gibt er als Vertreter des Vollmachtgebers ab, die Erklärungen als Käufer gibt er für sich selbst ab. Damit besteht keine Kontrolle, ob z. B. der Kaufpreis angemessen ist. Denn nur eine Person, eben der Bevollmächtigte allein, bestimmt den Inhalt des Vertrages. Es besteht die Gefahr, dass der Bevollmächtigte unter Verletzung der Interessen des Vollmachtgebers z. B. dessen Haus preiswert an sich selbst verkauft.

Bei der *Doppelvertretung* vertritt der Vertreter gleichzeitig mehrere Personen. *Beispiel*: Der Bevollmächtigte verkauft ein Haus seines Vollmachtgebers, wobei er gleichzeitig als Vertreter seines Vollmachtgebers und als Vertreter des Käufers tätig wird. Der Bevollmächtigte allein schließt den Vertrag zwischen dem Verkäufer und dem Käufer und vertritt dabei in seiner Person die entgegengesetzten Interessen von Verkäufer und Käufer.

Wegen der Interessenkollision sind derartige Insichgeschäfte *grundsätzlich verboten* (§ 181 BGB). Von diesem gesetzlichen Verbot kann aber *Befreiung* erteilt werden (»Befreiung vom Verbot des Selbstkontrahierens«). Die Klausel kann lauten: »Der Bevollmächtigte ist von den Beschränkungen des § 181 BGB befreit. Er darf also als mein Vertreter Rechtsgeschäfte (Verträge) mit sich selbst vornehmen. Außerdem darf er als mein Vertreter und gleichzeitig als Vertreter anderer Personen Rechtsgeschäfte vornehmen.«[5]

Die Befreiung vom Verbot des Selbstkontrahierens kann sinnvoll sein, weil ohne diese Befreiung ein Vermögen eines geschäftsunfähig gewordenen Vollmachtgebers nicht z. B. auf die Kinder übertragen werden kann. Eine sinnvolle Vermögensverlagerung ist evtl. für viele Jahre blockiert. *Beispiel*: Ist der Eigentümer/Unternehmer handlungsunfähig geworden, kann es sinnvoll sein, Vermögensübertragungen vorzunehmen. Sind Angehörige bevollmächtigt, ist die Übertragung als Vertreter des Vollmachtgebers an sie nur möglich, wenn sie vom Verbot des Selbstkontrahierens befreit sind. Schenkungen können als vorweggenommene Erbfolge aus steuerlichen Gründen sinnvoll sein.

Die Missbrauchsmöglichkeiten bei der Befreiung vom Verbot des Selbstkontrahierens sind aber groß, weshalb geraten wird, nur in Ausnahmefällen vom Verbot des Selbstkontrahierens zu befreien (Zimmermann, Rn. 11, 97). So kann der befreite Bevollmächtigte Vermögen des Vollmachtgebers an sich selbst übertragen und ein Konto plündern. Die Befreiung setzt voraus, dass man volles Vertrauen zum Bevollmächtigten haben kann.

## Nachweis der Echtheit der Vollmacht und der Patientenverfügung

Die *einfache Unterschrift* unter einer Vorsorgevollmacht, Patientenverfügung usw. beweist nicht, dass diese Unterschrift auch vom Aussteller dieser Urkunde stammt. Gerade der Betrüger wird eine Unterschrift fälschen. Das bedeutet, dass sich bei einfacher Unterschrift Ärzte, Banken oder sonstige Geschäftsgegner nicht auf ein unbeglaubigtes Schriftstück verlassen können/dürfen. Der sichere *Nachweis der Echtheit* besteht nur bei bankinterner Beglaubigung, Beglaubigung durch die Betreuungsbehörde oder bei notarieller Beglaubigung oder Beurkundung.

5 Die Überweisung durch den Vertreter des Kontoinhabers auf ein Konto des Vertreters verstößt nicht gegen das Verbot des § 181 BGB (BGH, NJW 2004, 2517, 2518).

## Beglaubigung durch die Betreuungsbehörde

Eine von der *Betreuungsbehörde bestellte Urkundsperson* »ist befugt, Unterschriften oder Handzeichen auf Vorsorgevollmachten oder Betreuungsverfügungen zu beglaubigen« (§ 6 II BtBG). Mit dieser Beglaubigung besteht eine Vermutung für die Echtheit der Urkunde. Die Beglaubigungsgebühr ist niedrig und vermögensunabhängig (10 Euro). Die Betreuungsbehörden sind Ämter der Kommunen.

## Notarielle Beglaubigung oder Beurkundung

Betrifft die Vollmacht *rechtsgeschäftliche und Vermögensangelegenheiten*, die einen alltäglichen Rahmen überschreiten, wird sie aus Sicherheitsgründen im rechtsgeschäftlichen Verkehr nur akzeptiert werden können, wenn sie *notariell beglaubigt oder notariell beurkundet* ist. Eine notarielle Urkunde wird im Rechtsverkehr problemlos anerkannt. Zu den Kosten siehe Seite 137.

### *Die notarielle Beglaubigung*

Bei der *notariellen Beglaubigung* bestätigt der Notar nur, dass er die Identität des Unterzeichners geprüft und der Unterzeichner vor ihm die Unterschrift persönlich geleistet hat. Den Inhalt der (mitgebrachten) Urkunde prüft der Notar bei einer notariellen Beglaubigung nicht. Der Notar händigt das Original der Urkunde aus. Da die Urkunde beim Notar nicht verwahrt wird, kann er davon später keine Ausfertigung ausstellen, sodass bei Verlust der Urkunde die Vollmacht »verloren« ist. Bei erheblichen Zweifeln an der Geschäftsfähigkeit muss der Notar die Beglaubigung ablehnen.

### *Die notarielle Beurkundung*

Bei der *notariellen Beurkundung* entwirft der Notar den Text der Vollmacht, er berät den Mandanten, er formuliert Wünsche, er belehrt, und er haftet bei Fehlern. Der Notar hat die Pflicht, im Rahmen seiner Möglichkeiten die Geschäftsfähigkeit zu prüfen. Erkennt er, dass der Errichter geschäftsunfähig ist, muss er die Beurkundung ablehnen. Hat der Notar Zweifel an der Geschäftsfähigkeit und beurkundet er trotzdem, soll er das in der Urkunde festhalten (§ 11 BeurkG). Bei Beurkundung bleibt das Original beim Notar. Dieser händigt Ausfertigungen aus, die dieselbe Verbindlichkeit und Bedeutung haben wie das Original. Weil der Notar die Urkunde verwahrt, kann er davon später weitere Ausfertigungen ausstellen. Die notarielle Beurkundung ist, auch wenn sie teurer ist, vorzuziehen.

## Vorsorge wegen der Gefahr des Missbrauchs einer Vollmacht

Der Vollmachtgeber trägt das Risiko des Missbrauchs der Vollmacht. Handlungen des Bevollmächtigten muss der Vollmachtgeber nur dann nicht gegen sich gelten lassen, wenn massive Verdachtsmomente für einen Missbrauch objektiv evident sind.[6] Völlig außergewöhnliche Geschäfte und Geschäfte, die den Vollmachtgeber erkennbar schädigen, sind auch von einer Generalvollmacht nicht gedeckt. Verdachtsmomente für einen Missbrauch bestehen nicht schon dann, wenn der Bevollmächtigte Vermögenswerte des Vollmachtgebers auf eigene Konten übertragen lässt.

Ist der Vollmachtgeber nicht mehr handlungsfähig, kann er nicht mehr überwachen, ob von der Vollmacht in seinem Sinn Gebrauch gemacht wird. Deshalb ist das Entdeckungsrisiko gering, und deshalb werden Missbräuche der Vollmacht oft nicht bekannt. Auch weil der Bevollmächtigte das weiß, ist das Missbrauchsrisiko größer als üblich. Es findet keine staatliche Kontrolle statt. Ist der Vollmachtgeber geschäftsunfähig geworden, kann er die Vollmacht nicht mehr widerrufen. Deshalb kann es sinnvoll sein, *Vorkehrungen gegen einen Missbrauch* der Vollmacht zu treffen.

Der beste Schutz gegen Missbrauch ist die Bestellung einer zuverlässigen, geeigneten und erprobten Person.

Es können mehrere Bevollmächtigte so bestellt werden, dass sie nur eine Gesamtvertretung haben.

Zur Vorsorge wegen eines Missbrauchs der Vollmacht kann ein weiterer Bevollmächtigter bestellt werden, der den Bevollmächtigten kontrollieren soll (Überwachungsbevollmächtigter). Eine andere Möglichkeit ist, anderen Beteiligten im Grundvertrag Auskunftsrechte zu geben (siehe S. 110–111).

Eine Sicherung gegen Missbrauch kann es sein, nicht pauschal zu bevollmächtigen, sondern die Vollmacht *nur für bestimmte Angelegenheiten* zu erteilen oder für bestimmte Angelegenheiten auszuschließen. Es kann z. B. geregelt werden, dass Schenkungen und Verfügungen über Immobilien nicht erlaubt und Kontoverfügungen *nur aus einem Guthaben* möglich und / oder nur bis zu einem bestimmten Maximalbetrag zulässig sind.

Eine Sicherung gegen einen vorzeitigen Gebrauch einer Vollmachtsurkunde kann darin bestehen, die Vollmacht (noch) nicht herauszugeben oder bei einer Vertrauensperson (auch Notar, Steuerberater, Rechtsanwalt, Bank) zu verwahren *mit dem Auftrag, sie erst bei Geschäftsunfähigkeit oder der Vorlage eines entsprechenden ärztlichen Attests auszuhändigen*. In diesen Fällen besteht eine Kontrolle dadurch, dass Notar, Steuerberater, Rechtsanwalt oder Bank vor Aushändigung der Urkunde u. a. mit dem Vollmachtgeber und / oder seinem Arzt Kontakt aufnehmen können zur Prüfung, ob die Geschäftsunfähigkeit des Vollmachtgebers eingetreten ist.

In einer notariellen Vollmacht könnte aufgenommen werden: »Ich bitte mir und dem Bevollmächtigten eine *un*beglaubigte Abschrift dieser Urkunde zu erteilen. Ich behalte mir die Erteilung von Ausfertigungen vor. Der Bevollmächtigte

6 BGH, NJW 1995, 250, 251.

kann eine Ausfertigung der Urkunde beantragen, wenn er durch Vorlage eines ärztlichen Zeugnisses nachweist, dass ich geschäftsunfähig bin oder dass Zweifel an meiner Geschäftsfähigkeit bestehen. Wenn der Bevollmächtigte eine Ausfertigung beantragt, bin ich davon schriftlich (durch Einschreiben) zu unterrichten« (nach einem Muster von Notar Zweifel, Biberach). Da die Vollmacht erst mit der Ausfertigung rechtlich wirksam ist, hat der Bevollmächtigte erst dann Vertretungsmacht.

Der Vollmachtgeber kann in einer Patienten- und Pflegeverfügung konkrete Anordnungen treffen und dadurch in einem gewissen Umfang Missbräuchen vorbeugen.

In dem zugrunde liegenden *Auftragsverhältnis* kann vereinbart werden, dass der Bevollmächtigte von der Vollmacht nur bei Eintritt der Geschäftsunfähigkeit Gebrauch machen darf (siehe unten).

## Das Betreuungsgericht hat die allgemeine Missbrauchskontrolle

Sind Ärzte, Pflegende oder andere Personen der Meinung, dass der Vertreter (Bevollmächtigter oder Betreuer) nicht zum Wohl des Vertretenen oder gar missbräuchlich handelt, können/müssen sie das Betreuungsgericht verständigen. *Das Betreuungsgericht hat die allgemeine Missbrauchskontrolle.* Es muss von Amts wegen tätig werden und kann in *Eilfällen* durch einstweilige Anordnungen die im Interesse des Betroffenen erforderlichen Maßnahmen treffen.

Das Betreuungsgericht kann einen Kontrollbetreuer bestellen, der das Handeln des Bevollmächtigten zu überwachen hat (§ 1896 III BGB). Eine Kontrollbetreuung kommt infrage, wenn der Vollmachtgeber die Ausübung der Vollmacht nicht mehr sachgerecht kontrollieren kann und gleichzeitig *ein konkretes Bedürfnis* nach Überwachung und Kontrolle des Bevollmächtigten besteht (Unredlichkeit, Unfähigkeit, Überforderung). Bestehen *erhebliche Zweifel* an der Redlichkeit des Bevollmächtigten ist ein »Vollbetreuer« einzusetzen.[7] Auch bei Zweifeln an der Wirksamkeit der Vollmacht kann ein Betreuer bestellt werden.[8] Das Betreuungsgericht kann einen Betreuer mit dem Aufgabenkreis des Vollmachtswiderrufs bestellen, wenn mit hinreichender Wahrscheinlichkeit eine erhebliche Verletzung des Wohls des Betroffenen zu befürchten ist.[9]

7 BayObLG, BtPrax 2005, 149, 150; OLG Zweibrücken, FamRZ 2006, 1710.
8 BayObLG, FamRZ 2004, 1814.
9 BGH, NJW 2015, 3575 Rn. 14; BayObLG, FamRZ 1994, 1550; BGH v. 6.7.2016, XII ZB 61/16, Rn. 32.

## Das vertragliche Verhältnis zwischen Vollmachtgeber und Bevollmächtigtem

Zwischen dem Vollmachtgeber und dem Bevollmächtigten besteht in der Regel ein Vertrag (z. B. der Auftrag, Zahlungen vorzunehmen). Meist wird der Vertrag stillschweigend geschlossen sein. Dieser Vertrag regelt das *Innenverhältnis* zwischen dem Vollmachtgeber und dem Bevollmächtigten.

Dieser Vertrag ist auch mündlich wirksam. Hat der Vertretungsbereich des Bevollmächtigten eine größere Bedeutung, sollte der Vertrag *schriftlich geschlossen* und es sollten die gegenseitigen Rechte und Pflichten festgelegt werden (Aufgabe auch der Wohnung, Vermögensverwaltung, Erlaubnis zu Schenkungen, Pflege des Vollmachtgebers). In dem Grundvertrag sollte geregelt werden, ob der Bevollmächtigte gegenüber anderen Personen (anderen Familienangehörigen) *zur Auskunft, zu einem Tätigkeitsbericht und zur Rechnungslegung* verpflichtet sein soll. Eine fehlende Unterrichtung ist eine häufige Ursache für Streit in der Familie. Aus dem »Grundverhältnis« ergibt sich die Pflicht des Vollmachtnehmers zur Rücksichtnahme auf den Vollmachtgeber und zur Achtung seines Selbstbestimmungsrechts.

In diesem Vertrag kann und sollte geregelt werden, dass der Bevollmächtigte von der Vollmacht nur Gebrauch machen darf, wenn der Vollmachtgeber geschäftsunfähig geworden ist (»Von der Vollmacht darf erst bei Geschäftsunfähigkeit des Vollmachtgebers Gebrauch gemacht werden«). Das wird meist auch stillschweigend vereinbart sein. Diese vertraglichen Bestimmungen gelten aber nur im Innenverhältnis. Nach außen kann der Bevollmächtigte auch entgegen diesen vertraglichen Bestimmungen den Vollmachtgeber sofort rechtswirksam vertreten und ihn verpflichten.

Derartige vertragliche Bestimmungen sollten nicht in die Vollmachtsurkunde aufgenommen werden, weil das die Verkehrsfähigkeit der Vollmacht beeinträchtigt oder gar beseitigt. Sollen also die gegenseitigen Rechte und Pflichten festgelegt werden, sollte dies in einer separaten Urkunde erfolgen.

Bei Missbrauch kann der Vollmachtgeber die Vollmacht widerrufen, und er hat Schadensersatzansprüche gegen den Bevollmächtigten. Von Weisungen des Vollmachtgebers darf der Bevollmächtigte nur abweichen, »wenn er den Umständen nach annehmen darf, dass der Auftraggeber bei Kenntnis der Sachlage die Abweichung billigen würde« (§ 665 BGB). Der Vertreter haftet (auch bei unentgeltlicher Tätigkeit) bei vorsätzlicher oder fahrlässiger Verletzung seiner Pflichten auf Schadensersatz. Da eine leichte Fahrlässigkeit auch bei gutwilligem Handeln vorkommen kann, sollte in diesem Vertrag geregelt werden, dass ein Angehöriger oder eine ähnlich nahestehende Person nur für Vorsatz und grobe Fahrlässigkeit haften.

Ergänzende Anordnungen im Grundvertrag könnten lauten:

- Der/Die Bevollmächtigte hat den ...................... in Abständen von ........ Monaten einen Tätigkeitsbericht abzugeben und auf deren Wunsch Rechnung zu legen. Der/Die Bevollmächtigte ist ihnen zur Auskunft verpflichtet.
- Der/Die Bevollmächtigte haftet nur für Vorsatz und grobe Fahrlässigkeit.
- Der/Die Bevollmächtigte soll eine Haftpflichtversicherung abschließen, deren Kosten ich als Vollmachtgeber trage.

## Aufwendungsersatz und Vergütung

In der Regel wird vereinbart sein (evtl. auch nur stillschweigend), dass der Bevollmächtigte seine Aufgaben *unentgeltlich* wahrnimmt (§ 662 BGB). Nach § 670 BGB hat der Bevollmächtigte aber einen Anspruch auf Ersatz seiner *Aufwendungen* (z. B. Fahrtkosten). Ob er für seine Tätigkeit und Arbeit eine *Vergütung* erhalten kann, richtet sich nach den Vereinbarungen mit dem Vollmachtgeber.

## Das Erlöschen der Vollmacht

Die Vollmacht erlischt *durch Widerruf*, der jederzeit formlos möglich ist. Der Widerruf setzt Geschäftsfähigkeit voraus. Bei Geschäfts*un*fähigkeit des Vollmachtgebers kann die Vollmacht nur durch einen vom Gericht bestellten Betreuer widerrufen werden. Bei Widerruf muss eine ausgehändigte Urkunde zurückverlangt werden, weil ohne Rückgabe der Vollmachtsurkunde die Vertretung bestehen bleibt (§ 172 II BGB). Erst mit der Rückgabe erlischt die Vertretungsmacht.[10]

Der Widerruf kann durch die Erben, einen Betreuer und in dringenden Eilfällen auch durch das Betreuungsgericht erfolgen.

Die Vollmacht erlischt mit dem Eintritt einer Bedingung, z. B.: »Die Vollmacht erlischt mit meinem Tod.«

Die Vollmacht erlischt mit Geschäfts*un*fähigkeit des Bevollmächtigten auf Dauer.

10 BGH, NJW 1975, 2101, 2102.

## Zusammenfassung

- Mit einer (Vorsorge-)Vollmacht kann eine Person zum Vertreter bestellt werden. Die Entscheidungen des Bevollmächtigten *wirken für und gegen den Vollmachtgeber*.
- *Angehörige* sind als solche nicht vertretungsberechtigt. Sie sind nur vertretungsberechtigt, wenn sie Bevollmächtigte oder Betreuer sind.
- Auch die nur *mündlich erteilte Vollmacht* ist rechtswirksam.
- Bei Angelegenheiten von größerer Bedeutung oder bei existenziellen Entscheidungen sollte / muss die Vollmacht notariell beglaubigt oder notariell beurkundet werden. Nur dann ist sie verkehrsfähig.
- Sinnvoll sind Bankvollmachten.
- In Gesundheitsangelegenheiten sind Vorsorgevollmachten wichtig, weil ärztliche Maßnahmen nur zulässig sind mit einer Einwilligung, und zwar des Patienten selbst oder seines Vertreters.
- Zur *Verhinderung eines Missbrauchs* einer Vollmacht können verschiedene Maßnahmen ergriffen werden.
- Das Betreuungsgericht hat die allgemeine Missbrauchskontrolle.

## 2. Die Betreuungsverfügung

### Was ist eine Betreuung?

Ein Betreuer ist ein *Vertreter*. Das Betreuungsgericht bestellt einen Betreuer, wenn ein Volljähriger aufgrund einer psychischen Krankheit oder einer körperlichen, geistigen oder seelischen Behinderung *seine Angelegenheiten ganz oder teilweise nicht besorgen* kann (§ 1896 BGB). Der Umfang der Vertretungsmacht des Betreuers richtet sich nach dem vom Gericht bestimmten Aufgabenkreis. Der Betreuer kann bei entsprechendem Aufgabenkreis für den Betreuten z. B. rechtswirksam Einkommen und Vermögen verwalten, in medizinische Maßnahmen einwilligen oder diese Einwilligung verweigern. Entgegen dem herkömmlichen Wortsinn ist es nicht die Aufgabe des Betreuers, tatsächliche Hilfen wie Einkaufen, Waschen, Pflege der Wohnung usw. zu leisten. Die Aufgabe des Betreuers ist es wohl, diese Hilfen zu organisieren, die dafür notwendigen Verträge zu schließen und Zahlungen zu leisten. Das Betreuungsgericht darf einen Betreuer nur bestellen, wenn dies erforderlich ist.

### Was ist eine Betreuungsverfügung?

Eine *Betreuungsverfügung* enthält Anordnungen des Ausstellers für den Fall, dass das Betreuungsgericht für ihn einen Betreuer bestellt. In der Betreuungsverfügung kann der Aussteller festlegen, wer im Fall der Einrichtung einer Betreuung sein Betreuer (*Wunschbetreuer*) oder wer nicht Betreuer werden soll, welche Aufgabenkreise übertragen werden sollen und wie der Betreuer entscheiden soll (z. B. die Wahl des Heims, der Pflege, die Vermögensverwaltung, Aufwendungsersatz und Vergütung für Pflegende). An die Anordnungen in der Betreuungsverfügung sind das Betreuungsgericht und der Betreuer gebunden, es sei denn, die Anordnungen entsprechen nicht dem Wohl des Betroffenen.

### Wann kommt eine Betreuungsverfügung in Betracht?

Die Errichtung einer Betreuungsverfügung kommt infrage, wenn man keine Vertrauensperson kennt, die man bevollmächtigen könnte, wenn man zurzeit keine Vollmacht erteilen möchte, wenn eine bestimmte Person erst später Vertreter werden oder wenn eine gerichtliche Kontrolle der Tätigkeit des Vertreters erfolgen soll. Auch wenn bereits eine Person bevollmächtigt ist, kann es sinnvoll sein zu bestimmen, dass der Bevollmächtigte ggf. zum Betreuer bestellt werden soll. Reicht etwa die erteilte Vollmacht nicht aus oder wird sie nicht anerkannt, hat das Betreuungsgericht den Bevollmächtigten zum Betreuer zu bestellen.

## Wer kann Betreuer werden?

Das Betreuungsgericht darf *nur in begründeten Fällen* eine andere Person als in der Betreuungsverfügung vorgeschlagen zum Betreuer bestellen (z. B. bei Ungeeignetheit der vorgeschlagenen Person oder bei Interessenkollision). Wenn der Betroffene keinen Wunschbetreuer benennt, soll das Betreuungsgericht in erster Linie Angehörige bestellen (»*Angehörigenvorrang*«).

Das Muster dieses Buches »Patientenverfügung mit Vorsorgevollmacht« enthält auch die Vorformulierung einer *Betreuungsverfügung*. Ergänzende Anordnungen in einer Betreuungsverfügung könnten sein:

- Kann Frau / Herr ..........................................
  nicht meine Betreuerin / mein Betreuer werden, ..........................

  soll Frau / Herr ..........................................
  meine Betreuerin / mein Betreuer werden.
- Frau / Herr ..........................................
  soll nicht meine Betreuerin / mein Betreuer werden.
- Der Betreuer / Die Betreuerin ist an die Anordnungen in meiner Patientenverfügung gebunden. Er / Sie hat meine Patientenverfügung durchzusetzen.

## Die Unterschiede zwischen einer Vorsorgevollmacht und einer Betreuung

Sowohl der Bevollmächtigte als auch der Betreuer sind Vertreter des Betroffenen.

***Vollmacht***

Die Vorteile einer Vorsorgevollmacht sind, dass der Betroffene den *Vertreter selbst auswählt* und den *Umfang der Vertretungsmacht* selbst bestimmt. Der Bevollmächtigte ist an Weisungen des Vollmachtgebers gebunden (siehe auch Seiten 110, 111). Der geschäftsfähige Vollmachtgeber kann die Vollmacht jederzeit widerrufen, den Bevollmächtigten auswechseln oder sonst die Vollmacht ändern, wie er es möchte. Im Umfang einer erteilten Vollmacht darf kein Betreuer bestellt werden (weil dann die Erforderlichkeit für die Bestellung eines Betreuers fehlt). Es entfällt also staatliche Bevormundung, aber auch eine gerichtliche Kontrolle.

Der Bevollmächtigte kann Rechtsgeschäfte wirksam auch ohne gerichtliche Genehmigung vornehmen (siehe aber Seite 102). Es können Übertragungen an die nächste Generation erfolgen. Das kann bei größeren Vermögen sinnvoll sein. Die Vorsorgevollmacht ist sofort einsetzbar. Nur die notarielle Vollmacht umfasst z. B.

das Recht, über Grundeigentum zu verfügen, Darlehen aufzunehmen und/oder Erbschaften auszuschlagen.

***Betreuung***

In dem gerichtlichen Verfahren gerichtet auf Bestellung eines Betreuers wird der Betroffene durch das Gericht angehört, er wird von einem Sachverständigen auf seinen Geisteszustand untersucht, oft wird ein Sozialbericht über die persönlichen, familiären und sozialen Verhältnisse des Betroffenen eingeholt und für den Betroffenen ein Verfahrenspfleger bestellt. Dritte erhalten also einen Einblick in persönliche und Vermögensangelegenheiten. Das Betreuungsgericht bestimmt den Umfang der Vertretungsmacht.

Für viele Rechtsgeschäfte braucht der Betreuer zu ihrer Wirksamkeit die gerichtliche Genehmigung. Das sind z.B. Verfügungen über Grundstücke, Verfügungen über das gesamte Vermögen, Unterhaltsvereinbarungen, die Aufnahme von Krediten, Schenkungen und die Wohnungskündigung. Das gerichtliche Verfahren mit dem Ziel der Bestellung eines Betreuers kann sich längere Zeit hinziehen.

## Missbrauchsgefahren

***Vollmacht***

Bei einer Vollmacht ist die *Missbrauchsgefahr* größer als bei einer Betreuung. Denn der Vollmachtgeber kann nach Eintritt seiner Handlungsunfähigkeit den Bevollmächtigten selbst nicht mehr überwachen. Ist der Vollmachtgeber geschäftsunfähig geworden, kann er die Vollmacht nicht selbst widerrufen. Der Bevollmächtigte unterliegt keiner gerichtlichen Aufsicht und Kontrolle. Bei missbräuchlicher Ausübung der Vollmacht kann das Betreuungsgericht einen Kontrollbetreuer bestellen, der den Bevollmächtigten überwacht und ggf. die Vollmacht widerrufen kann (seihe Seite 110).

***Betreuung***

Der Betreuer unterliegt der Aufsicht, der Überwachung und der Kontrolle durch das Betreuungsgericht. Das Betreuungsgericht muss gegen Pflichtwidrigkeiten des Betreuers durch Gebote und Verbote einschreiten. Bei Nichteignung und Pflichtverletzung kann der Betreuer vom Betreuungsgericht abgelöst werden. Der Betreuer muss ein Vermögensverzeichnis erstellen, Rechnung legen (Liste der Einnahmen und Ausgaben) und dem Betreuungsgericht jährlich über die persönlichen Verhältnisse des Betreuten berichten. Der Betreuer darf keine Schenkungen vornehmen. Ehegatten, Kinder und Eltern sind von der Rechnungslegungspflicht befreit. Der Betreuer braucht in wesentlichen Angelegenheiten, wie z.B. Grundstücksgeschäften, Geldanlagen, der Kündigung oder Aufgabe der Wohnung, die

*Genehmigung* des Betreuungsgerichts. Wegen dieser Kontrolle ist die Gefahr eines Missbrauchs der Vertretungsmacht geringer.

## Aufwendungsersatz und Vergütung für Bevollmächtigte und Betreuer

### *Vollmacht*

Der Bevollmächtigte hat einen Anspruch auf Ersatz seiner *Aufwendungen*, z. B. der Fahrtkosten (§ 670 BGB). Ob der Bevollmächtigte außerdem eine *Vergütung* erhält, richtet sich nach den Vereinbarungen mit dem Vollmachtgeber. Die Ansprüche auf Aufwendungsersatz und Vergütung richten sich (nur) gegen den Vollmachtgeber (siehe auch Seiten 112 und 138).

### *Betreuung*

Auch die Ansprüche des Betreuers auf Aufwendungsersatz und Vergütung richten gegen den Betreuten.

Der *ehrenamtliche Betreuer* (das sind meist die Angehörigen) kann einen Ersatz seiner *Aufwendungen* verlangen. Er kann nach seiner Wahl den Ersatz seiner tatsächlich gemachten Aufwendungen oder eine Aufwandspauschale von 399 Euro jährlich verlangen. Eine *Vergütung* kann der ehrenamtliche Betreuer nur ausnahmsweise verlangen, wenn der Betreute nicht mittellos ist und Umfang oder Schwierigkeit der Betreuungstätigkeit eine Vergütung rechtfertigen.

Der *Berufsbetreuer* hat einen Anspruch auf *Vergütung* für seine Tätigkeit (siehe dazu Seite 138).

## Erstattung und Ersatz aus der Staatskasse

Bei Mittellosigkeit des Betreuten können ehrenamtliche Betreuer und Berufsbetreuer Ersatz von Auslagen und Vergütung aus der Staatskasse erhalten. Nach dem Tod des Betreuten kann die Staatskasse für ihre Leistungen in den letzten zehn Jahren gegen die Erben Rückgriff »auf den Wert des im Zeitpunkt des Erbfalls vorhandenen Nachlasses« nehmen.

Mittellosigkeit liegt vor bei einem monatlichen Einkommen bis etwa 1.300 Euro und bei einem Vermögen bis etwa 2.600 Euro (»Schonvermögen«). Das Schonvermögen kann höher sein, wenn Unterhaltspflichten bestehen, frühere Schulden und/oder ein besonderer Bedarf zu berücksichtigen sind. Zusätzlich darf z. B. nicht auf das selbst bewohnte, angemessene Hausgrundstück zurückgegriffen werden. Nur bis zu diesen Grenzen ist der Betreute »mittellos«. Von dem Einkommen und Vermögen, das nicht Schonvermögen ist, hat der Betreute seinen Betreuer und die Gerichtkosten selbst zu bezahlen.

## Betreuungen können teuer sein

Im ersten Jahr einer Betreuung können ohne Weiteres Kosten zwischen 3.000 und 4.000 Euro anfallen. Bei »Vermögenden« kann also ein Vermögen des Betreuten schnell aufgebraucht sein. Bei »Vermögenden« sind die Kosten einer Betreuung meist höher als die Kosten einer Vollmacht. Soll der Betroffene finanziell geschont werden, sollten die Angehörigen Bevollmächtigte werden oder die Betreuung selbst übernehmen (siehe auch Seiten 138 und 139).

Der *Bevollmächtigte* hat auch bei *Mittellosigkeit* des Vollmachtgebers *keinen* Anspruch auf Auslagenersatz und Vergütung aus der Staatskasse. Bei Mittellosigkeit zahlt die Staatskasse also nur für einen Betreuer. Bei Mittellosigkeit ist eine Betreuung also finanziell meist günstiger als eine Vollmacht.[1]

## Form, Wirksamkeit der Errichtung, Widerruf

Auch die Betreuungsverfügung kann *formlos* (also auch mündlich) errichtet und widerrufen werden. Sie ist auch dann rechtswirksam errichtet, wenn der Aussteller geschäfts*un*fähig war. Der Errichter der Betreuungsverfügung muss aber wenigstens in der Lage sein, seine wirklichen Wünsche und Vorstellungen zum Ausdruck zu bringen.

## Beratung, Haftpflichtversicherung

Die zuständigen Rechtspfleger bei den Amtsgerichten beraten in Fragen der Ausübung der Betreuung und der Vergütung. Die Betreuungsbehörden bei den Kommunen und die Betreuungsvereine (Caritas, Diakonie) beraten in Fragen der Hilfen bei Bewältigung von Defiziten Betroffener.

Der Betreuer haftet dem Betreuten bei schuldhafter Verletzung seiner Pflichten. Viele Bundesländer haben für *ehrenamtliche* Betreuer eine Haftpflicht- und Unfallversicherung abgeschossen. Diese Versicherungen werden von den Ländern bezahlt. Auskunft erteilt z. B. der Ecclesia-Versicherungsdienst in Detmold.

1 Das zeigt eindringlich der Fall des LG Mainz, BtPrax 2002, 174. Das LG Mainz sprach dem Sohn als ehrenamtlichem Betreuer als Aufwendungsersatz nur für die Fahrten zu seinem im Heim lebenden Vater aus der Staatskasse für ein Jahr 5.460 DM zu (siehe Coeppicus, BtPrax 2003, 164).

## Zusammenfassung

- Eine Betreuungsverfügung kommt infrage, wenn keine Vorsorgevollmacht erteilt, aber für den Fall der Bestellung eines Betreuers Einfluss auf die Auswahl dieses Betreuers und die Entscheidungen des Betreuers genommen werden soll.
- Der Betreuer wird vom Betreuungsgericht kontrolliert.
- Die Unterschiede zwischen einer Vollmacht und einer Betreuung sind unter Umständen erheblich.
- Bei Mittellosigkeit des Betreuten können die Betreuer Ansprüche auf Erstattung ihrer Aufwendungen und auf Vergütung gegen die Staatskasse haben.

# 3. Die Pflegeverfügung

## Was ist eine Pflegeverfügung?

Mit einer *Pflegeverfügung* können Anordnungen für den Fall der Pflegebedürftigkeit getroffen werden. Es können Wünsche bestehen z. B. nach einer bestimmten Verwendung von Einkommen und Vermögen, ob man zu Hause bleiben oder ab wann man in ein Heim will und ob pflegende Angehörige entschädigt werden sollen (Auslagenersatz und auch Vergütung?). Vor allem die Aufgabe der Wohnung und der Umzug in ein Heim sind existenzielle, schwere Entscheidungen.

Die Errichtung einer Pflegeverfügung ist *nicht unbedingt notwendig*. Man sollte sich die vorformulierten Anordnungen zur »Pflegeverfügung« am Ende dieses Kapitels durchlesen und überlegen, ob man sie als Ganzes oder in Teilen für sich selbst für sinnvoll hält. Diese Anordnungen können auch in einer Patientenverfügung oder einer Vorsorgevollmacht aufgenommen werden.

## Der Inhalt von Pflegeverfügungen und die Gründe für ihre Errichtung

Bei hohen Renten und Einkünften verbleiben Betroffenen vielfach, auch wegen der Leistungen der Pflegeversicherung, Teile der Rente zur absolut freien Verfügung (»Freigeld«). Dieses *Freigeld* und ein vorhandenes Vermögen können zur Bezahlung zusätzlicher Leistungen und zum Auffangen von Defiziten im Fall von Pflegebedürftigkeit verwendet werden. Es können z. B. Zuwendungspersonen engagiert werden.

Die Entscheidung, ob ein Freigeld und ein Vermögen erhalten und vererbt oder für Zusatzleistungen verbraucht werden soll, ist nicht selbstverständlich. Es kann sein, dass es für Betroffene wichtiger ist, wenn sie ihr Vermögen und das Freigeld vererben können, auch wenn sie dafür auf Leistungen zur *Erhöhung ihrer Lebensqualität verzichten*. Derartige Verzichte werden sich leichter als Wille der Betroffenen feststellen lassen, wenn sie von ihnen selbst eindeutig festgelegt sind.

In vielen Fällen pflegen Angehörige oder Bekannte jahrelang aufopfernd, mit viel Zeitaufwand und ohne Gegenleistung. Im Erbfall verlangen aber auch die Erben, die nicht gepflegt oder sich kaum oder nicht um den Verstorbenen gekümmert haben, ihren Erbanteil ungeschmälert. Darin kann eine Ungerechtigkeit liegen, die durch Anordnungen, dass und wie eine Pflege bezahlt werden soll, verhindert werden kann.

Das gilt insbesondere dann, wenn Angehörige pflegen und dafür z. B. ihren Beruf aufgeben. Die Pflege durch Angehörige wird oft (auch) das Ziel haben, einen

Nachlass zu erhalten. Davon sollten dann vor allem die profitieren, die die entsprechende Pflege geleistet haben.[1]

Ab Seite 125 in diesem Kapitel finden Sie ein *Muster einer Pflegeverfügung.*

*Zusätzliche Bestimmungen* zu diesem Muster könnten z. B. lauten:

- Bei ambulanter Pflege wünsche ich die Pflege durch Frau/Herrn. . . . . . . . . . .

  . . . . . . . . . . . . . . . . . . . . . . . . . . . . . . . . . . . . . . . . . . . . . . . . . . . .

  . . . . . . . . . . . . . . . . . . . . . . . . . . . . . . . . . . . . . . . . . . . . . . . . . . . .

- Bei Pflegebedürftigkeit sollen Zuwendungspersonen mir Lebensqualität durch Gespräche geben, mich beim Gehen stützen, im Rollstuhl nach draußen fahren oder sich neben mir aufhalten, damit ich nicht fixiert werden muss. Diese Zuwendungspersonen sollen mich mit natürlicher Nahrung versorgen und mich regelmäßig zur Toilette führen, sodass ich nicht künstlich ernährt und gewindelt werden muss. Das gilt auch dann, wenn ich wegen Heimpflegebedürftigkeit in einem Heim leben muss. Die Zuwendungspersonen sollen eine Verwirrtheit auffangen, sodass ich angepasst in meiner bisherigen Umgebung leben kann.

- Dafür sollen mein Einkommen und mein Vermögen eingesetzt, notfalls aufgezehrt werden.

- Ich möchte meinen Lebensstandard beibehalten. Dazu soll, wenn erforderlich, mein Vermögen aufgebraucht werden. – Gegebenenfalls soll mein Grundvermögen verkauft und der Kaufpreis als monatliche Rente gezahlt werden. Mit der Verrentung soll erreicht werden, dass ich ein zusätzliches, laufendes Einkommen habe.[2]

1 Nach § 2057 a BGB kann ein Abkömmling, wenn er u. a. in besonderem Maße zum Erhalt oder zur Vermehrung des Vermögens des Erblassers beigetragen hat, bei der Auseinandersetzung mit anderen Abkömmlingen einen Ausgleich verlangen. § 2057 a BGB gilt aber nur bei gesetzlicher Erbfolge.

2 Ein zusätzliches Einkommen kann durch Verrentung der eigenen Immobilie erreicht werden (auch genannt »Immobilienrente«, »Umkehrhypothek«). Das kann sinnvoll sein, wenn es z. B. keine Erben gibt. Die Nachfrage nach »Immobilienrenten« ist gering. Kritisiert wird ein zu geringes Preis-Leistungs-Verhältnis zulasten des Eigentümers.

- Lediglich meine *laufenden* Einkünfte sollen im Fall meiner Pflegebedürftigkeit für diese besonderen Leistungen ausgegeben werden.

- Ich möchte *nicht*, dass mein Vermögen / mein Haus für die Bezahlung von Zuwendungspersonen oder für sonstige besondere Leistungen verwendet wird.

- Mein Haus ................................................

  ................................................

  mein Vermögen[3] ................................................

  ................................................

  soll meinem Kind / meinen Kindern ................................................

  ................................................

  (unbelastet) erhalten bleiben, auch wenn ich dadurch Einschränkungen meiner Freiheit hinnehmen, auf körperliche Bewegung verzichten, in einem Heim leben oder sonst auf Lebensqualität verzichten muss.

## Weitere Bestimmungen

*Weitere Bestimmungen* können den Verbleib von Büchern, Bildern, Schmuck, Erinnerungsstücken, Briefen sowie Sammlungen bei Auflösung der Wohnung, die Höhe eines monatlichen Taschengeldes, die Aufrechterhaltung von Mitgliedschaften in Vereinen, die Weiterzahlung von Spenden, traditionelle Geschenke an Angehörige (z. B. zu Weihnachten und zu Geburtstagen) und andere Personen (»Ethikverfügung«), den Verbleib und die Versorgung von Haustieren und die Trauerfeier (Lieder, »in aller Stille«) betreffen.

3 Eine Vermögensübertragung an die Kinder zu Lebzeiten (z. B. zur Vermeidung einer Erbschaftssteuer) sollte gut überdacht werden. Bei Übertragung des Hauses z. B. kann man sich zwar ein Wohnrecht vorbehalten, die Kinder können aber trotzdem verkaufen, sodass ein neuer Eigentümer das Leben schwer machen kann. Bei Übertragung von Immobilien sollte man sich wenigstens Teile der Erträge vorbehalten.

## Zusammenfassung

- In einer Pflegeverfügung können Anordnungen für den Fall der Pflegebedürftigkeit getroffen werden.
- Sinnvoll sind Anordnungen dazu, ob und in welchem Umfang pflegende Angehörige für die Pflege entschädigt werden sollen.
- Es kann angeordnet werden, dass ein Einkommen und / oder Vermögen für eine komfortablere Pflege oder *nicht* für eine kostenintensivere Pflege verbraucht werden sollen.

# Pflegeverfügung

☐ Ich möchte bis zu meinem Tod in meiner Wohnung bleiben. Meine Aufnahme in ein Heim und die Auflösung meiner Wohnung dürfen erst erfolgen, wenn alle Möglichkeiten häuslicher Pflege (z. B. Umbau, Hausnotrufanlage, ambulante Dienste) ausgeschöpft sind.

☐ Das Heim muss so gelegen sein, dass mich meine Angehörigen und Bekannten leicht erreichen können. ..................................
Falls ich in ein Heim muss, will ich nur in das

..................................................................

..................................................................

..................................................................

☐ Wenn mich ein Angehöriger pflegt, versorgt und/oder mir persönliche Zuwendung leistet, soll er Ersatz seiner *Auslagen* (z. B. Fahrtkosten) erhalten.

☐ Außerdem soll er eine *Vergütung* je Stunde seines Zeitaufwandes erhalten. Diese Vergütung soll sich bewegen in der Höhe

☐ des gesetzlichen Mindestlohns.

☐ der Zahlungen an ..................................................

..................................................................

(Ort, Datum und Unterschrift des/der Ausstellers/Ausstellerin)

Bevollmächtigte/r (falls bestellt) (Vor-, Nachnamen, Anschrift und Telefonnummer eintragen):

..................................................................

..................................................................

..................................................................

(Ort, Datum und Unterschrift der/des Bevollmächtigten)

# Service

# 1. Welches Muster nehme ich? Welche Festlegungen soll ich treffen?

### Welches Muster nehme ich für die Errichtung meiner Patientenverfügung?

Immer wieder wird die Frage gestellt, welches der vielen angebotenen Muster von Patientenverfügungen denn nun das »richtige« Muster sei.

Der Text des in Aussicht genommenen Musters sollte daraufhin geprüft werden, ob er die Fälle enthält, durch die man veranlasst worden ist, sich mit der Errichtung einer Patientenverfügung zu befassen.

Das Muster der Patientenverfügung dieses Buches enthält *alle Fälle*, die für Festlegungen in Patientenverfügungen infrage kommen können:

- »Behandlungsabbruch bei Sterbenden«
- »Behandlungsabbruch bei Dauerbewusstlosigkeit«
- »Behandlungsabbruch bei Demenz«
- »Schmerztherapie mit Sterberisiko«

Zu überlegen ist:

- Will man diese Fälle auch für sich regeln und festlegen?
- Erfasst das in Aussicht genommene Muster die gewünschten Festlegungen eindeutig? Sind die Krankheitssituationen präzise und klar beschrieben?
- Welche Behandlungen will ich nach Eintritt dieser Krankheitssituationen, welche will ich nicht?
- Erfasst das Muster auch die Anordnung, die *künstliche* Ernährung und die *künstliche* Flüssigkeitszufuhr abzubrechen?
- Erfasst das Muster auch die Anordnung, die *natürliche* Ernährung und die *natürliche* Flüssigkeitszufuhr abzubrechen?
- Ist die Bestellung eines Vertreters für gesundheitliche, persönliche und höchstpersönliche Angelegenheiten vorgesehen? Umfasst die Vollmacht auch die Befugnis zum Unterlassen und zum Abbruch lebenserhaltender Maßnahmen?

Hilfreich ist vielleicht ein *Rollenspiel*. Ein Angehöriger stellt sich auf den Standpunkt, der Text erfasse einen bestimmten Fall oder er erfasse ihn gerade nicht, ein anderer Angehöriger argumentiert dagegen. In dieser Diskussion mit Rede und Gegenrede wird oft die Bedeutung eines vorformulierten Textes erkennbar. Wichtig sind selbst eingefügte, beschreibende Zusätze (siehe Seite 55).

Wer den »Behandlungsabbruch bei Demenz« anordnen will, sollte sich vorher die Ausführungen auf den Seiten 26f. und im Lexikon unter »Demenz« durchlesen. Er muss vor allem überlegen, in welchem Umfang er das Unterbleiben von Ernährung und Flüssigkeitszufuhr anordnen will.

## Anmerkungen zu den Mustern von Patientenverfügungen anderer Herausgeber

Nicht alle der inzwischen mehr als 200 verschiedenen Muster von Patientenverfügungen enthalten alle Fallkonstellationen. Wenn jemand unter Benutzung dieser Muster eine Patientenverfügung errichtet, dann hat er deshalb oft nicht vollständig das angeordnet, was er vorsorglich anordnen wollte. In einigen Mustern fehlen z.B. Vorschläge für einen »Behandlungsabbruch bei Dauerbewusstlosigkeit« und einen »Behandlungsabbruch bei Demenz«.

### *Typische Lücken*

Nachfolgend werden typische Lücken in Mustern von Patientenverfügungen aufgezeigt. Damit sollen die Nutzer von Mustern in die Lage versetzt werden, Korrekturen und Ergänzungen vorzunehmen, die aus ihrer Sicht sinnvoll sind.

Die Patientenverfügung im Beschluss des BGH vom 17.3.2003 (NJW 2003, 1588) hat *diesen Wortlaut*:

»Im Fall meiner irreversiblen Bewusstlosigkeit, schwerster Dauerschäden meines Gehirns oder des dauernden Ausfalls lebenswichtiger Funktionen meines Körpers oder im Endstadium einer zum Tode führenden Krankheit, wenn die Behandlung nur noch dazu führen würde, den Vorgang des Sterbens zu verlängern, will ich:

- keine Intensivbehandlung,
- Einstellung der Ernährung,
- nur angst- und schmerzlindernde Maßnahmen, wenn nötig,
- keine künstliche Beatmung,
- keine Bluttransfusionen,
- keine Organtransplantation,
- keinen Anschluss an eine Herz-Lungen-Maschine.«

In diesem Muster fehlen klare Anordnungen für einen »Behandlungsabbruch bei Demenz« und eine »Schmerztherapie mit Sterberisiko«. Angesichts des Fehlens des Wortes Demenz könnte man sich auf den Standpunkt stellen, dass der Errichter dieser Verfügung sich unter »schwerer Dauerschädigung des Gehirns« eine Demenz eher nicht vorgestellt hat. Es fehlt die Anordnung, auch die Flüssigkeitszufuhr abzubrechen,[1] und es fehlt die Anordnung des Verzichts auf Antibiotikabehandlung bei Lungenentzündung (siehe Lexikon ab Seite 141). Die Festlegung »dauernder Ausfall lebenswichtiger Funktionen« ist fehlerhaft. Denn eine Schluckstörung z. B. ist ein Ausfall »lebenswichtiger Funktionen«, kann aber problemlos durch eine PEG-Sonde überbrückt werden.

Es reicht nicht aus, wenn in einer Patientenverfügung nur allgemein formuliert ist, dass »lebenserhaltende Maßnahmen« oder »lebensverlängernde Maßnahmen« zu unterbleiben haben. Das sind nach BGH vom 6.7.2016 (XII ZB 61/16), Rn. 47 und 48, keine konkreten Entscheidungen wie sie vom Gesetz gefordert werden. Mit derartigen Formulierungen sei u. a. nicht der Abbruch einer künstlichen Ernährung bindend festgelegt. Siehe dazu Seiten 30 und 102.

### *Andere Muster*

Das Muster der *Christlichen Patientenverfügung* (Dezember 2010) enthält nur Formulierungsvorschläge zum »Abbruch bei Sterbenden« und zur »Schmerztherapie mit Sterberisiko«. Diese Patientenverfügung gilt also erst, wenn der Patient Sterbender ist; sie gilt nicht für vorhergehende Jahre einer Bewusstlosigkeit auf Dauer (Koma) oder schwerster Demenz.[2]

Nach dem Muster der *Verbraucherzentrale* (15. Aufl. 2012, S. 125) sollen im Fall eines Komas weiter Nahrung und Flüssigkeit (»bis zu meinem Tod«) gegeben werden. Das bedeutet, dass ein Koma nicht abgebrochen, sondern auf Dauer aufrechterhalten bleiben muss. Erstaunlich ist, dass die Festlegungen auch gelten sollen, wenn die Äußerungsunfähigkeit nur »vorübergehend« ist. Mit diesem Wortlaut müssten also in Fällen einer Bewusstlosigkeit nach Unfall oder Schlaganfall Behandlungen unterbleiben, auch wenn der Patient z. B. mit anschließend guter Lebensqualität gerettet werden könnte.

Auch in anderen Mustern fehlt die Festlegung, dass der Krankheitszustand, für den ein Behandlungsabbruch festgelegt wird, unwiderruflich (unumkehrbar) sein muss.[3]

Nach der Christlichen Patientenverfügung (siehe Christliche Patientenverfügung, S. 5) reicht für einen Abbruch von Behandlung und Ernährung eine »Wahrscheinlichkeit« aus, dass der Krankheitszustand unheilbar ist. Bei einer Überlebenschance von z. B. immerhin 30 Prozent können also lebenserhaltende Maßnahmen abgebrochen werden, weil mit 70 Prozent fehlender Überlebenschance

1 Das OLG Düsseldorf (FamRZ 2008, 1283) verlangt die klare Formulierung, dass nicht nur der Abbruch der »lebenserhaltenden Ernährung«, sondern konkret der Abbruch der *Flüssigkeit*szufuhr angeordnet wird.
2 Im Einzelnen Coeppicus, NJW 2011, 3749.
3 Im Einzelnen Coeppicus, NJW 2011, 2085.

eine Wahrscheinlichkeit für den tödlichen Verlauf besteht. In einigen Mustern wird zwar der Abbruch der Ernährung, nicht aber der Abbruch der Flüssigkeitszufuhr untersagt (siehe dazu Seite 32). In vielen Mustern werden die Festlegungen nur für den Fall getroffen, dass gleichzeitig »schweres Leiden« oder »große Schmerzen« vorliegen. Wenn also der Patient bei unumkehrbarem Koma oder schwerer Demenz nicht leidet, dann gelten diese Patientenverfügungen nicht (zum »Leiden« siehe auch Seite 32).

**Zusammenfassung**

- Die Texte der in Aussicht genommenen Muster sollten dahin geprüft werden, ob sie auch die Fälle erfassen, die man vorsorglich regeln will.
- Nicht alle angebotenen Muster von Patientenverfügungen sind vollständig.

# 2. Aufbewahrung der Urkunden und Auffindbarkeit im Bedarfsfall

### Sichere Aufbewahrung

Die Urkunden sollten *sicher aufbewahrt* werden. Bei notarieller Beurkundung ist die Urkunde besonders sicher aufbewahrt, weil der Notar die Urkunden immer verwahren muss. Nach Aufgabe seines Amtes werden die Urkunden von der Justiz oder von einem anderen Notar verwahrt.

### Die Urkunden sollten auffindbar sein

Die Urkunden sollten auch *auffindbar sein*. Angehörige und nahestehende Personen sollten über den Aufbewahrungsort informiert werden. Es können mehrere Exemplare erstellt und der Vertrauensperson, dem Arzt und / oder dem Heim übergeben werden. Ein ständiges Mitführen wird zu umständlich sein. Das gilt auch für Vorschläge, ständig einen Hinweis mitzuführen (etwa in Form einer Karte). Im Notfall hat der Arzt gar nicht die Zeit, sich die Patientenverfügung zu besorgen und zu prüfen, ob die festgelegten Voraussetzungen eingetreten sind (zum Notfall siehe auch Seite 48).

### Die Hinterlegung beim Hausarzt

Die Hinterlegung der Urkunden *beim Hausarzt* hat den Vorteil, dass der Arzt anderen Ärzten, Heimen und Pflegenden mitteilen kann, was der Patient in der konkreten Situation will und wie die Patientenverfügung evtl. auszulegen ist. Allerdings muss der Arzt Unterlagen nur zehn Jahre aufbewahren; danach kann er sie beseitigen.

### Verwahrung durch die Betreuungsgerichte?

In einigen Bundesländern verwahren die Betreuungsgerichte Vorsorgevollmachten und Patientenverfügungen. Wegen der sich oft ändernden Vorschriften und einer örtlich unterschiedlichen Handhabung muss beim örtlich zuständigen Amtsgericht (in Telefonbüchern oft nur unter »Justizbehörden« oder »Gerichte« verzeichnet) nachgefragt werden, ob dort eine Hinterlegungsmöglichkeit besteht.

## Das Zentrale Vorsorgeregister der Bundesnotarkammer

Jeder Vollmachtgeber (natürlich auch der Notar) kann die Tatsache der Errichtung der Vorsorgevollmacht und den Aufbewahrungsort der Urkunde beim *Zentralen Vorsorgeregister* der Bundesnotarkammer registrieren lassen.[1] Das Zentrale Vorsorgeregister verwahrt die Urkunden selbst *nicht*. *Nur* die Betreuungsgerichte erhalten eine Auskunft aus dem Zentralen Vorsorgeregister.

Im Vorsorgeregister kann auch die Tatsache registriert werden, dass eine Betreuungs- und / oder Patientenverfügung errichtet worden ist (allerdings nur im Zusammenhang mit einer Vollmacht). Das Betreuungsgericht kann also auch Kenntnis von der Existenz einer Patientenverfügung erhalten und in einem Verfahren Ärzten und anderen Beteiligten davon Kenntnis geben.

Die Registrierung kostet etwa 20 Euro. Die Gebühr fällt auch bei dauerhafter Registrierung nur einmal an.

Das Zentrale Vorsorgeregister kann den Betroffenen *Kosten ersparen*. Die Krankenhäuser z. B. regen nach Aufnahme einwilligungsunfähiger Patienten regelmäßig eine (vorläufige) Betreuung an. Sind dem Betreuungsgericht Vorsorgevollmacht und Patientenverfügung nicht bekannt, wird es die (vorläufige) Betreuung einrichten. Das kann einige hundert Euro kosten. Die Betreuungsgerichte fragen vor Einrichtung einer Betreuung konsequent beim Zentralen Vorsorgeregister an, ob eine Vollmacht registriert ist. Wer die Errichtung der Vorsorgevollmacht und Patientenverfügung beim Zentralen Vorsorgeregister registrieren lässt, kann also damit rechnen, dass die Urkunde im Bedarfsfall gefunden und damit u. a. die Einrichtung einer Betreuung vermieden wird. Das Zentrale Vorsorgeregister ist eine Erfolgsgeschichte. Ende des Jahres 2015 war die Errichtung von mehr als drei Millionen Vollmachten registriert.

1 Bundesnotarkammer, Zentrales Vorsorgeregister, Postfach 08 01 51, 10001 Berlin, Tel. 0800–3550500. Das Zentrale Vorsorgeregister sendet auf Wunsch Anmeldeformulare mit Informationen zum Eintragungsverfahren zu. Informationen können unter *www.vorsorgeregister.de* abgerufen werden. Die Anmeldung durch Privatpersonen kann auch unter *www.zvr-online.de* erfolgen.

**Zusammenfassung**

- Die Urkunden sollten sicher *aufbewahrt* werden.
- Es sollte Vorsorge getroffen werden, dass die Urkunden im Bedarfsfall auch *aufgefunden* werden können.
- Beim Zentralen Vorsorgeregister der Bundesnotarkammer kann jedermann die Errichtung seiner Vorsorgevollmacht und Patientenverfügung registrieren lassen.
- Die Registrierung beim Zentralen Vorsorgeregister kann die Bestellung eines Betreuers verhindern und damit Kosten vermeiden.

# 3. Kosten des Betreuungsverfahrens, Kosten bei eingerichteter Betreuung, Kosten notarieller Beglaubigung und Beurkundung

Die Kosten und Gebühren in diesen Angelegenheiten richten sich nach dem am 1.8.2013 in Kraft getretenen Gerichts- und Notarkostengesetz (GNotKG). Nachfolgend wird ein kurzer Überblick gegeben. Dieser Überblick soll auch Anhaltspunkte geben für Überlegungen, ob man eine Vorsorgevollmacht ausstellen oder es auf die Bestellung eines Betreuers ankommen lassen will.

## Gerichtskosten bei Betreuungen (»Jahresgebühren«)

Für jedes Jahr einer bestehenden Betreuung ist eine Gebühr zu zahlen (»Jahresgebühr«). Die erste Gebühr umfasst das Jahr der Anordnung und das Folgejahr.

Die Gerichtsgebühren richten sich in der Regel nach dem Geschäftswert, der sich wiederum nach dem Vermögen des Betreuten richtet, wobei hier Schulden abgezogen werden können. Ist der Geschäftswert bestimmt, ergeben sich die Gebühren aus einer Gebührentabelle.

### Gerichtsgebühr bei eingerichteter Betreuung *mit* Vermögenssorge

Bei einem Vermögen bis zu 25.000 Euro werden keine Gebühren erhoben. Bei höherem Vermögen berechnet sich die Gerichtsgebühr nach dem Vermögen abzüglich 25.000 Euro. Der Wert der selbst genutzten Immobilie (z. B. das Einfamilienhaus) bleibt unberücksichtigt.

Bei Überschreiten des Freibetrages von 25.000 Euro gilt: Je angefangene 5.000 Euro des Vermögens, das den Freibetrag von 25.000 Euro übersteigt, beträgt die Jahresgebühr 10 Euro. Die Mindestjahresgebühr beträgt 200 Euro. Hinzu kommen gerichtliche Auslagen z. B. für das Sachverständigengutachten, die etwa zwischen 300 und 500 Euro liegen.

*Beispiel* (nach Notar Zweifel aus Biberach): Barvermögen 70.000 Euro, selbst bewohntes Wohnhaus im Wert von 300.000 Euro, vermietete Eigentumswohnung im Wert von 120.000 Euro: 70.000 Euro plus 120.000 Euro abzüglich 25.000 Euro ergeben 165.000 Euro; die Jahresgebühr beträgt 330 Euro.

Bei einem Vermögen von z. B. 200.000 Euro beträgt die Jahresgebühr 350 Euro, bei einem Vermögen von 525.000 Euro beträgt sie 1.000 Euro, bei einem Vermögen von 1 Mio. Euro beträgt sie 1.950 Euro. Der maximale *Geschäftswert* beträgt 30 Mio. Euro, bis dahin gibt es für die gerichtliche Jahresgebühr keine Obergrenze!

Zu beachten ist, dass für den Betreuten ein Vermögensverzeichnis einzureichen ist. Dadurch erhält das Gericht einen Überblick über das Vermögen des Betreuten.

### Gerichtsgebühr bei eingerichteter Betreuung *ohne* Vermögenssorge

Auch hier berechnet sich die jährliche Gerichtsgebühr nach dem Vermögen des Betreuten. Bei einem Vermögen von z. B. 90.000 Euro beträgt die Jahresgebühr 130 Euro. Die Höchstgebühr pro Jahr beträgt 300 Euro.

Der Betreute hat die Kosten für den Verfahrenspfleger zu bezahlen. Ausnahme: Der Betreute ist »mittellos«. Gerichtliche Genehmigungen sind mit der Jahresgebühr abgegolten.

Endet das Verfahren ohne Bestellung eines Betreuers, hat der Betroffene weder eine Gerichtsgebühr noch sonstige bis dahin angefallene Kosten zu tragen.

## Kosten eines Berufsbetreuers

Berufsbetreuer erhalten für ihre Tätigkeit eine pauschale Vergütung. Diese Pauschalen sind je nach der beruflichen Qualifikation (»nutzbare Fachkenntnisse«) des Berufsbetreuers unterschiedlich hoch (»Vergütungsstufen«).

Bei *vermögenden* Betreuten *ohne* Heimaufenthalt kann die Pauschale im ersten Jahr 2.376 bis 3.630 Euro, ab dem zweiten Jahr jährlich 1.809 bis 2.376 Euro betragen. Bei *vermögenden* Betreuten *mit* Heimaufenthalt kann die pauschale Vergütung im ersten Jahr 1.809 bis 2.376 Euro und ab dem zweiten Jahr jährlich 1.005 bis 1.320 Euro betragen. Die Vergütungen des Berufsbetreuers bei *mittellosen* Betreuten sind niedriger. Auch die Kosten eines Berufsbetreuers trägt grundsätzlich der Betreute. Nur bei Mittellosigkeit des Betreuten trägt die Staatskasse die Kosten des Berufsbetreuers (zur Mittellosigkeit siehe Seite 118).

## Notarkosten

Die Kosten des Notars richten sich nach dem Wert des Vermögens (»Geschäftswert«). Ist der Geschäftswert bestimmt, ergibt sich die Gebühr aus einer Gebührentabelle.

Es ist zu unterscheiden zwischen notarieller *Beglaubigung* und notarieller *Beurkundung*.

### Notarielle Beurkundung

Bei der Beurkundung von Vollmachten darf maximal die Hälfte des Vermögens als Geschäftswert angenommen werden. Schulden können hier grundsätzlich nicht abgezogen werden (»Schuldenabzugsverbot«). Der Geschäftswert kann auf z. B. 30 Prozent des Vermögens sinken, wenn z. B. die Vollmacht erst später (etwa erst nach Eintritt des Krankheitsfalls) gelten soll, einen eingeschränkten Umfang hat oder wenn sie dem Bevollmächtigten zunächst nicht ausgehändigt wird.

Bei der Bemessung des Geschäftswertes besteht also ein nicht unerheblicher Ermessensspielraum. Angesichts dieses »Kostenermessens« sollte vorab beim Notar nach der Höhe der Kosten gefragt werden.

*Beispiel:* Bei einem Geschäftswert der Vollmacht von 50.000 Euro beträgt die Beurkundungsgebühr 165 Euro, bei einem Geschäftswert von 250.000 Euro beträgt sie 535 Euro und bei einem Geschäftswert von 500.000 Euro beträgt sie 935 Euro. Die Höchstgebühr beträgt 1.735 Euro.

Die Geschäftswerte für eine Vorsorgevollmacht und eine gleichzeitig errichtete Patientenverfügung werden addiert. *Beispiel*: Bei einem Geschäftswert von 80.000 Euro (75.000 Euro für die Vollmacht und 5.000 Euro für die Patientenverfügung) liegt die Beurkundungsgebühr bei 219 Euro.

### Beurkundung einer separaten Patientenverfügung

Hat der Notar keine Anhaltspunkte für einen höheren Geschäftswert aufgrund der Vermögens- und Einkommensverhältnisse des Mandanten, kann er von einem Geschäftswert von 5.000 Euro ausgehen. Die Beurkundung einer Patientenverfügung kostet dann 60 Euro.

### Notarielle Beglaubigung

Für die notarielle Beglaubigung einer Urkunde (Unterschriftsbeglaubigung ohne Entwurfstätigkeit) fällt eine Gebühr von mindestens 20 und höchstens 70 Euro an.

### Mehrwertsteuer und Auslagen

Zu den Notargebühren kommen hinzu Auslagen (Schreibauslagen, Porto, Telefon) sowie die Mehrwertsteuer von 19 Prozent. Die Notargebühr von z. B. 165 Euro (bei einem Vermögen von 50.000 Euro) erhöht sich dadurch auf etwa 220 Euro.

Für Beurkundungen oder Beglaubigungen außerhalb seiner Geschäftsstelle erhält der Notar zusätzlich eine Festgebühr von 50 Euro je Auftraggeber.

Für die notarielle Beurkundung des Musters dieses Buches »Patientenverfügung mit Vorsorgevollmacht« (siehe Seite 14) wird bei Fehlen von gebührenerhöhenden Anhaltspunkten ein Geschäftswert von zweimal 5.000 Euro = 10.000 Euro anzunehmen sein. Die Beurkundungsgebühr beträgt dann 75 Euro (nach Notar Zweifel aus Biberach).

## Vorsorgevollmacht oder Betreuung?

Auch angesichts der im Betreuungsverfahren anfallenden Kosten kann es sinnvoll sein, eine Vorsorgevollmacht zu erstellen (und notariell beurkunden zu lassen). Siehe auch Seite 119.

# 4. Lexikon der medizinischen und pflegerischen Begriffe

**Ätiologie:** Lehre von den Ursachen.

**Alzheimer-Krankheit, Morbus Alzheimer:** Eine degenerative, irreversible Erkrankung des Gehirns, z. B. durch Hirnatrophie. Sie erfasst etwa 30 Prozent der über 80-Jährigen. Die Folge der Alzheimer-Krankheit ist eine Demenz. Sie führt allmählich fortschreitend zu Störungen / Leistungsverschlechterungen des Gedächtnisses, des Denkens, des Erkennens, der Sprache, der Orientierung, bei Handhabung von Gegenständen und zum Verlust der Kritik- und Urteilsfähigkeit. Die Folgen sind eine deutliche Behinderung bei oder gar die Unmöglichkeit der Verrichtung gewohnter alltäglicher Tätigkeiten. Diese Patienten sind oft noch jahrelang in guter körperlicher Verfassung, was ihre Pflege erschweren kann.[1]

**Analgetika:** Schmerzmittel, schmerzstillende Medikamente.

**Amyotrophe Lateralsklerose (ALS):** Eine fortschreitende Muskellähmung, die schließlich auch die Atemmuskeln erfasst und zur Atemlähmung führt. Der Patient kann künstlich beatmet werden.

**Aneurysma:** Örtliche Ausweitung eines arteriellen Gefäßes. Das Gefäß (eine Ader) kann durch Überdehnung reißen und dadurch lebensgefährliche Blutungen verursachen.

**Antibiotikum, Antibiotika:** Eine gegen biologische Krankheitserreger (Bakterien, Viren, Pilze) gerichtete Wirkstoffgruppe. Die Lungenentzündung ist eine häufige Todesursache im Alter, insbesondere bei Bettlägerigkeit. Sie ist oft gut behandelbar (eben mit Antibiotika). Wird sie nicht behandelt, hat sie häufig den Tod zur Folge.

**Antidepressiva:** Stimmungsaufhellende Mittel, Medikamente zur Behandlung von Niedergeschlagenheit und Antriebslosigkeit. Die Wirkung ist eine Verkürzung

1 Die Anschrift Ihrer örtlichen Alzheimer-Gesellschaft erhalten Sie unter 01803–171017, Deutsche Alzheimer Gesellschaft, Berlin.

von Dauer und Intensität der depressiven Phasen sowie eine Stimmungsaufhellung.

**Apallisches Syndrom:** Das apallische Syndrom ist keine eigenständige Krankheit. Als apallisches Syndrom bezeichnet man den Zustand nach Ausfall der Großhirnrinde. Die Großhirnrinde steuert anspruchsvolle geistige Funktionen wie z. B. das Bewusstsein, die Sprache und bewusstes Handeln. Entsprechend der Schwere des Funktionsausfalls der Großhirnrinde ist der Patient in einem Koma oder in einem Wachkoma. Unter dem Großhirn liegen u. a. das Zwischenhirn und der Hirnstamm, die Funktionen wie Atmung, Herzschlag, Verdauung, Kreislauf und Körpertemperatur steuern. Ist die Großhirnrinde ausgefallen, sind aber Zwischenhirn und Hirnstamm intakt, kann der Körper des Patienten oft jahrelang in einem vegetativen Zustand erhalten werden. Das apallische Syndrom kann vorübergehend oder irreversibel sein.

**Aphasie, aphasisch:** Sprachstörung, Sprachverlust bis zum völligen Verlust der Sprachfähigkeit. Der Patient spricht z. B. verlangsamt, er hat Artikulationsschwierigkeiten oder Wortfindungsstörungen.

**Apoplex:** Synonym auch: Schlaganfall, Gehirnschlag, Hirninfarkt, apoplektischer Insult. Teile des Gehirns werden nicht mehr mit Blut und somit nicht mehr mit Sauerstoff und Nährstoffen versorgt, dadurch sterben diese Nervenzellen ab. Die Gründe können sein eine Unterbrechung der Blutzufuhr durch Verstopfung der Adern durch Blutgerinnsel (Thromben), eine Gefäßverkalkung oder eine Hirnblutung, wobei nach Zerreißen eines Gefäßes Blut in das umliegende Gewebe dringt und es zerstört, sodass diese Teile des Gehirns ausfallen. Die Folge des Ausfalls dieser Teile des Gehirns sind Sprach- und Sprechstörungen, Sehstörungen, Schwindel, Gleichgewichtsstörungen, Bewusstseinsstörungen, Lähmungen oder der Tod. Es bestehen, besonders anfänglich, zum Teil gute Behandlungsmöglichkeiten bis zur vollständigen Rückbildung.

**Arteriosklerose:** Arterienverkalkung. Synonym auch: Zerebrale Arteriosklerose, Hirnarterienverkalkung oder Atherosklerose. Arteriosklerose entsteht durch Ablagerungen von Kalk und Fett an den Arterienwänden (»Verkalkung«). Die Folgen sind eine Verringerung des Durchmessers der Adern, lokale Verschlüsse und Elastizitätsverlust, die Minderdurchblutung, Bluthochdruck und Risse in den Adern nach sich ziehen können. Die Folge sind Minderleistungen des Gehirns u. a. mit Bewusstseinsverlust, Gleichgewichtsstörungen, Schwindel und Stürzen. Die Ablagerungen können sich lösen und die gelösten Stücke (Thromben) können Adern verstopfen, wodurch es z. B. zu Hirn- und Herzinfarkten kommen kann.

**Atrophie:** Schwund von Gewebe.

**Austrocknung,** siehe »Exsikkose«.

**Basispflege:** Alle Maßnahmen, die grundlegende Bedürfnisse betreffen, wie Ernährung, Körperpflege und Entleerung von Blase und Darm.

**Benigne:** Gutartig.

**Betreuungsgericht:** Eine Abteilung des Amtsgerichts, die u.a. zuständig ist für Betreuungssachen, die Genehmigung des Abbruchs von Behandlungen, von Fixierungen und von Unterbringungen auf geschlossenen Abteilungen von Krankenhäusern oder in Pflegeheimen. Bis zum 31.8.2009 hießen die Betreuungsgerichte »Vormundschaftsgerichte«.

**Bewusstsein:** Das Bewusstsein ist im Normalfall klar und wach.

**Bewusstseinsstörungen:** Sie treten in unterschiedlichen Graden auf und reichen von Benommenheit über Somnolenz (schläfriger Zustand) bis zum Koma (tiefe Bewusstlosigkeit).

**Bluttransfusionen:** Bluttransfusionen werden von Zeugen Jehovas aus religiösen Gründen verweigert. Das ist wegen der Glaubensfreiheit rechtswirksam, und zwar auch dann, wenn die Bluttransfusionen medizinisch absolut notwendig sind und der Patient durch sie problemfrei gerettet werden könnte.[2] Im Fall des BVerfG (NJW 2002, 206[3]) hatte eine 40 Jahre alte Zeugin Jehovas vor einer Operation Bluttransfusionen ausdrücklich untersagt. Das BVerfG hat festgestellt, dass das vom Patienten aus religiösen Gründen gewollte Unterbleiben von Bluttransfusionen rechtmäßig ist. Siehe auch Seite 60.

In einem Fall, über den die Medien Anfang August 2005 berichteten, hatte eine 32-jährige Zeugin Jehovas für den Fall von Komplikationen aus Anlass einer

2 Nach BVerfG (NJW 1972, 327, 329) hat der Einzelne das Recht, »sein gesamtes Verhalten an den Lehren seines Glaubens auszurichten«. Auch die christlichen Märtyrer nahmen ihres Glaubens wegen ihren Tod in Kauf. Das BVerfG ist bei der Ablehnung lebensrettender Maßnahmen durch Zeugen Jehovas aus religiösen Gründen ersichtlich davon ausgegangen, dass sie einwilligungsfähig waren. Immerhin könnte daran gedacht werden, dass die Einwilligungsfähigkeit z.B. wegen eines »Gruppenzwangs« fehlte.

3 Diese Patientin hat sich inzwischen von den Überzeugungen der Zeugen Jehovas distanziert und ist heute damit einverstanden, dass die ihr Leben rettenden Bluttransfusionen damals entgegen ihren vorherigen, ausdrücklichen Ablehnungen doch durchgeführt wurden.

bevorstehenden Geburt Bluttransfusionen untersagt. Nach der Geburt eines gesunden Kindes wurden Bluttransfusionen notwendig, die entsprechend dem Willen der Patientin nicht gegeben wurden. Die Patientin starb. Die Staatsanwaltschaft hat die Rechtmäßigkeit des Unterbleibens der Bluttransfusionen ausdrücklich bestätigt.

**Degeneration, degenerativ:** Krankhafte oder altersbedingte Rückbildung oder Untergang von Zellen. Entartung, Verkümmerung.

**Dehydratation, dehydriert:** Verminderung des Wassergehalts des Körpers, Austrocknung (siehe »Exsikkose«). Sie kann zu Verwirrtheitszuständen führen.

**Dekubitus:** Druckgeschwür. Hautschaden oder Geschwür als Folge von Durchliegen, »Wundliegen«. Er entsteht bei mangelhafter Durchblutung von Gewebe, also besonders dort, wo der Körper durch sein Eigengewicht die Blutgefäße zusammendrückt und der Kreislauf nicht (mehr) in der Lage ist, entgegen diesem Druck für eine ausreichende Durchblutung zu sorgen. Das mit Blut nur noch mangelhaft oder nicht mehr versorgte Gewebe stirbt mangels Sauerstoff- und Nährstoffzufuhr ab. Durch das Absterben entstehen Druckgeschwüre oder Nekrosen. Risikofaktoren sind u. a. mangelnde Bewegung, Immobilität, schlechter Ernährungszustand, Austrocknung, Diabetes mellitus und Inkontinenz.

Dekubiti sind in der Regel vermeidbar. Pflegerische Maßnahmen (»Dekubitusprophylaxe«) sind regelmäßiges (zweistündliches) Umlagern (wenn sich der Patient nicht mehr selbst im Bett umdrehen kann), die Verwendung von Wechseldruckmatratzen, regelmäßige Inspektion der kritischen Körperstellen und ausreichende Flüssigkeits- und Nahrungszufuhr.

**Delir:** Bewusstseinseintrübung verbunden u. a. mit Erregung, Desorientiertheit, Denkstörungen, Halluzinationen, Herzrasen und Orientierungsstörungen.

**Demenz, demenziell:** Hirnleistungsstörung. Eine Demenz ist der Verlust erworbener geistiger Fähigkeiten (wie Störungen des Gedächtnisses, des Denkens, der Orientierung, der Sprache und des Urteilsvermögens), der so ausgeprägt ist, dass die Bewältigung des Berufs und des Alltags beeinträchtigt ist. Im Jahr 2014 lebten in Deutschland ca. 1,5 Millionen Demenzkranke.

Eine Demenz ist keine eigenständige Krankheit, sondern die Folge einer Krankheit. Die Krankheiten, die eine Demenz auslösen, sind z. B. die Alzheimer-Krankheit, Hirndurchblutungsstörungen, Tumoren oder Herzinsuffizienz.

Demente verlieren das Kurzzeitgedächtnis. Neu Erlebtes und Gehörtes wird nicht in das Langzeitgedächtnis übernommen und rasch vergessen (»Verlust der Lernfähigkeit«). Deshalb stellen sie z. B. immer wieder dieselben Fragen (z. B.

»Woher kommen Sie?«). Deshalb finden sie Gegenstände nicht wieder. In einer neuen Umgebung kommen sie oft nicht zurecht, weil sie sich diese neue Umgebung nicht merken können. Sie haben z. B. vergessen, wie man sich ankleidet, einkauft, ein Essen bereitet, die Medikamente nach Zeit, Art und Menge richtig einnimmt, Person und Wohnung pflegt, Elektrogeräte bedient und rechtzeitig abschaltet (*Verlust der Alltagskompetenz*). Sie können auftretende Probleme z. B. durch einen Brand oder überlaufendes Wasser nicht lösen. Sie verlieren das Wissen, was und wer sie einmal waren. Es geht die persönliche, zeitliche, örtliche und situative Orientierung verloren (»*Desorientierung*«). Im fortgeschrittenen Stadium finden sie sich in der eigenen Wohnung nicht zurecht und erkennen die eigenen Angehörigen nicht mehr. Es kommt zu »*Weglauftendenzen*« (gesucht wird z. B. die »eigene Wohnung«, obwohl man sich in ihr befindet). Sie verirren sich und finden nicht zurück. Der Tag-Nacht-Rhythmus geht verloren (sie schlafen tagsüber und »geistern« nachts durchs Haus). Sie lesen nicht mehr und sehen nicht mehr fern. Sie verlieren die üblichen sozialen Umgangsformen und die Affektkontrolle. Sie vernachlässigen ihr Äußeres und neigen zu unangebrachtem Verhalten wie Entkleiden, Essen mit den Fingern und Verschmieren von Exkrementen. Sie haben Koordinationsprobleme beim Gebrauch alltäglicher Gegenstände wie Messer und Gabel. Sie können sich nicht mehr allein oder nur mit Hilfe anziehen, waschen und zur Toilette gehen. Sie werden inkontinent. Sie haben Schwierigkeiten beim Gehen und beim Halten des Gleichgewichts. Deshalb sitzen und liegen sie viel. Es kann allerdings sein, dass die Mobilität gut erhalten geblieben ist. Sie zeigen ein Bild der Hilflosigkeit, sind auf fremde Hilfe angewiesen und werden mehr und mehr pflegebedürftig. Schließlich ist eine dauernde Aufsicht erforderlich.

Der Zugriff auf Wissen im Langzeitgedächtnis bleibt länger erhalten. Sie können evtl. ein Lied singen, das sie als Kind gelernt haben, haben aber gleichzeitig vergessen, was sie gerade gegessen haben.

Sie spüren oft die Überforderung und die Defizite, die sie bisher nicht hatten. Das Bewusstsein des Versagens bei bisher problemlos bewältigten Aufgaben ärgert und ängstigt sie und ist ihnen peinlich. Sie wollen es nicht wahrhaben und entwickeln Strategien und Ausreden, ihre Einschränkungen zu verbergen. So reduzieren sich ihre Äußerungen auf einfache, stereotype Floskeln. Der Grund für nur noch einfache Äußerungen ist allerdings auch, dass sie wegen ihrer Denk- und Gedächtnisstörungen keine Sachgespräche mehr führen können. Wegen ihrer Schwierigkeiten zur Gesprächsgestaltung und bei der Bewältigung alltäglicher Aufgaben geht ihr Interesse an Kontakten und der Umwelt verloren. Das führt zu einem Verlust des Antriebes (»*Antriebsverarmung*«).

Die Misserfolge führen zu depressiven Verstimmungen. Das darf nicht als Depression fehlgedeutet werden. Die richtige Diagnose ist wichtig, weil Demenz und Depression jeweils anderer Therapien erfordern und z. B. Antidepressiva einem in Wirklichkeit Dementen schaden können.

Es hat keinen Sinn zu versuchen, das Verhalten des Dementen mit logischen Überlegungen zu beeinflussen. Auf Vorhaltungen wie »Das weißt Du doch!«, auf fehlendes Verständnis und Einfühlen reagieren die Dementen mit Gereiztheit und Aggression, offenbar weil sie sich nur dadurch wehren und eine Vollwertigkeit zeigen können. Diese *Verhaltensstörungen* wie Aggressivität, Misstrauen und Unruhe belasten das Zusammenleben mit Dementen schwer. Wichtig ist deshalb, auf die Kranken einfühlsam zu reagieren, sie nicht bloßzustellen und sie nicht mit ihren Defiziten zu konfrontieren. Der Kranke reagiert positiv auf emotionale Zuwendung (Streicheln, freundlichen Tonfall, kurze Sätze, geduldiges Wiederholen von Informationen, geduldiges Zeitgeben für Antworten, Loben). Wichtig ist körperliche Bewegung.

Die tägliche, auch nächtliche Präsenz zehrt an den Kräften der Angehörigen. Eine Hilfe für die Angehörigen sind Selbsthilfegruppen und eine Tagespflege.

Die Prognose von Behandlungsmöglichkeiten oder einer Irreversibilität richtet sich nach der Grunderkrankung.

Bei den **primären Demenzen** liegt die Ursache der Krankheit im Gehirn selbst (eine »neurodegenerative Erkrankung«). Es sind Nervenzellen zugrunde gegangen oder der Informationsfluss der Nervenzellen untereinander ist gestört. Deshalb lassen die Hirnfunktionen bei primären Demenzen nicht sprunghaft nach, sondern schrittweise und schleichend. Primäre Demenzen können zurzeit nicht geheilt werden und sind nicht reversibel. Mit Medikamenten aus der Gruppe der Antidementiva kann der Abbauprozess verlangsamt, eine Reduktion der Beschwerden und eine Stabilisierung des Status quo erreicht werden.

Circa 15 Prozent der Demenzen sind nur **sekundäre Demenzen**. Bei den sekundären Demenzen haben die geistigen Ausfälle körperliche Ursachen wie ein postoperatives Durchgangssyndrom, eine Hirnverletzung, eine Hirndurchblutungsstörung (»vaskuläre Demenz«), Herzinsuffizienz, Austrocknung, Vergiftungen (z. B. durch Alkohol und Medikamente), Fieber, Elektrolytstörungen, Vitaminmangel oder Tumoren. Diese körperlichen Erkrankungen sind behandelbar. Wird die körperliche Erkrankung behandelt, verschwinden auch die demenziellen Symptome. Die Störungen bei sekundärer Demenz entstehen häufig sprunghaft. Bei einem plötzlichen Auftreten der Symptomatik ist also wahrscheinlich, dass die Ursache behandelbar ist.

Daraus folgt, dass bei einer Demenz immer danach gesucht werden muss, ob sie eine behandelbare körperliche Ursache hat. Fälle von *fehlerhafter* Annahme einer primären Demenz: BGH, NJW 1995, 2412; Coeppicus, BtPrax 1997, 9.

Eine *frühe Form* von Demenz zeigt sich an einem verzögerten Erinnerungsvermögen, einer eingeschränkten Wortflüssigkeit und/oder an Benennungsschwierigkeiten.

In höherem Lebensalter sind gemischte Demenzen (degenerativ und vaskulär) die Regel. Geistige Einbußen als Folge normalen Alterns sind keine Demenz.

Nach Untersuchungen sollen in einem Drittel der Fälle die Ursachen für Demenz Rauchen, Diabetes und mangelnde Bewegung sein.

**Depression:** Traurige Verstimmung. Stimmungstiefs gehören zum Alltag. Oft haben sie konkrete Ursachen wie private oder berufliche Belastung, den Verlust einer nahestehenden Person oder auch nur das Wetter. Diese Stimmungstiefs sind normal und keine Krankheit. Stimmungstiefs und Trauerreaktionen regulieren sich in der Regel von selbst.

Depressionen sind dann *krankhaft*, wenn sie sich nicht aus nachvollziehbaren oder verständlichen Erlebnissen erklären lassen. Die depressiven Symptome sind von größerer Stärke oder Ausprägung als allgemein-menschliche, depressiv getönte Stimmungsschwankungen und Verhaltensweisen. Die depressiven Symptome halten länger an oder treten häufiger auf. Es kommt zu körperlichen Veränderungen (z.B. Schlaf, Körpergewicht, Erschöpfung) und zu objektiven Leistungseinbußen.

Symptome der Depression sind: Freudlosigkeit (»Nichts macht mehr Freude!«), Niedergeschlagenheit, Kraftlosigkeit, Gefühllosigkeit, Interesselosigkeit und Ziellosigkeit (Symptome der »...losigkeit«).

Die Betroffenen haben das Gefühl von Hilflosigkeit, Hoffnungslosigkeit, Wertlosigkeit und Verzweiflung. Deshalb sind Depressionen potenziell lebensbedrohlich. Jeder sechste Depressive stirbt durch Suizid. Depressive denken an Selbstmord – dazu kommt es oft nur deshalb nicht, weil der Antrieb fehlt.

Depressionen gelten als gut behandelbar, z.B. mit Antidepressiva. Die Kranken sollten u.a. körperlich aktiv sein und nach draußen gehen (positive Wirkung des natürlichen Lichts, weshalb Sonnenschein euphorisch macht).

Der Sterbewunsch bei Lebensmüdigkeit in hohem Alter, evtl. verbunden mit schweren Krankheiten, muss keine Depression sein, sondern kann eine respektable Entscheidung sein (Putz / Steldinger, S. 23).

## Unterscheidung von Demenz, Depression und Delir

Der *Demente* bagatellisiert seine kognitiven Leistungsverluste. Er überschätzt sich dabei und meint, er könne alles wie bisher. Dies widerspricht aber der Wirklichkeit. Er hat deutliche Gedächtnisstörungen, vor allem sein Neugedächtnis ist erloschen. Er ist desorientiert.

Der *Depressive* hingegen betont und übertreibt seine Störungen. Er erklärt etwa, er sei vergesslich und könne vieles nicht, kommt aber im Alltag gut zurecht. Seine Äußerungen und sein Verhalten stimmen also mit der Wirklichkeit nicht überein. Er ist nicht desorientiert, er hat keine Orientierungsstörungen, seine Aufmerksamkeit und seine Konzentration sind erhalten.

Das *Delir* beginnt plötzlich, es ist datierbar. Ursache ist eine akute zerebrale oder körperliche Erkrankung; deshalb ist es nur vorübergehend, wenn es behandelt wird.

**Diabetes mellitus** (ugs. »Zuckerkrankheit«)**:** Eine Störung des Stoffwechsels. Die von der Bauchspeicheldrüse produzierte Insulinmenge reicht nicht aus, die Folge sind erhöhte Blutzuckerwerte. Der Blutzucker kann durch gesunde Lebensweise, Tabletten und notfalls durch Spritzen von Insulin reguliert werden. Der »Diabetes-Typ-2« tritt vor allem in fortgeschrittenem Alter auf als Folge von Überernährung, Übergewicht und Bewegungsmangel. Diabetes führt zu Schädigungen der Blutgefäße durch Ablagerungen an den Gefäßwänden (Arteriosklerose) und durch Verschlüsse der kleinsten Blutgefäße. Die Folge sind u. a. Demenz, Sehstörungen bis zur Erblindung, Nierenversagen, Herz- und Kreislauferkrankungen und Absterben von Gewebe, was Amputationen notwendig machen kann.

**Dialyse:** Blutwäsche. Blutreinigung mithilfe einer »künstlichen Niere«. Bei gesunden Menschen werden giftige Substanzen im Blut durch die Nieren ausgefiltert und mit dem Urin ausgeschieden. Fallen die Nieren aus, kann das Blut durch eine Dialyse außerhalb des Körpers gereinigt werden.

**Enterale Ernährung:** Ernährung über den Darm.

**Ernährung, Abbruch:** In »der letzten Lebensphase« kann die Fortführung des Umfangs der bisherigen Nahrungs- und Flüssigkeitszufuhr fehlerhaft sein. Ein Gewichtsverlust kann die natürliche Folge der verringerten körperlichen und physiologischen Aktivitäten sein. In diesem Fall muss ein Gewichtsverlust nicht verhindert werden. Die bisherige Nahrungs- und Flüssigkeitsmenge entspricht nicht mehr den derzeitigen Bedürfnissen des Patienten. Die aufgenommenen Mengen können vom Körper nicht mehr verarbeitet werden, sodass bei Fortführung der bisherigen Nahrungszufuhr »Durchfälle, Übelkeit, Bauchschmerzen und Erbrechen« die Folge sein können.[4] Bei *Sterbenden* können Nahrungs- und Flüssigkeitszufuhr zu einer »schweren Belastung« werden.[5] Die Sondenernährung kann das Sterben unnötig verlängern, sodass dann schon die Indikation für die künstliche Ernährung fehlt. Hunger- und Durst*gefühle* müssen gestillt werden, was mit geringeren Mengen an Nahrung und Flüssigkeit oder auch nur mit Anfeuchten des

4 Nach Kolb, S. 57.

5 »Grundsätze der Bundesärztekammer zur ärztlichen Sterbebegleitung« vom 21.1.2011, DÄBl. 2011, A 346, A 347.

Mundraums erreicht werden kann. Anders ist es, wenn der demente Patient sehr mobil ist; dann benötigt er evtl. bis zum Doppelten der normalen Kalorienzufuhr.

**Euthanasie:** Im Rahmen des Euthanasieprogramms des Dritten Reiches sind Menschen, die Freude am Leben hatten, gegen ihren Willen umgebracht worden. Sterbehilfe dagegen hat das Ziel einer Hilfe in einer dem Patienten unerträglich erscheinenden Situation und in völliger Übereinstimmung mit seinen Wünschen. Euthanasie und Sterbehilfe sind also völlig verschiedene Fälle. Es ist unlogisch, die Euthanasie des Dritten Reiches mit Sterbehilfe in Verbindung zu bringen.[6]

**Exsikkose:** Austrocknung, Dehydratation. Im Alter geht oft das Durstgefühl verloren (Durst ist ein Warnzeichen des Körpers gegen eine Austrocknung). Die Betroffenen führen sich deshalb nicht mehr die erforderlichen Mengen Flüssigkeit zu. Die Folge ist eine Elektrolytentgleisung und/oder Mangeldurchblutung des Gehirns (weil das Blut zähflüssiger wird, »Verdickung des Blutes«) mit der Folge von Verwirrtheit, Unruhe, Delir, Bewusstseinsstörungen, Muskelkrämpfen und Sturzneigung wegen Gleichgewichtsstörungen. Hinweise auf eine Exsikkose sind ein reduzierter Allgemeinzustand, eine trockene Haut, Verwirrtheit, Sturzneigung, Oligurie und ein Turgor. Eine Austrocknung kann lebensbedrohlich sein. Sie kann auch Folge von Durchfall, Erbrechen, Abnahme der Nierenfunktion und Einnahme von Medikamenten (Diuretika und Laxanzien) sein. Die Zustände als Folge einer Austrocknung dürfen nicht als Eintritt der Sterbephase fehlgedeutet werden.

**Finalphase:** Sterbephase.

**Fixieren:** Festsetzen. In der Pflege sind Fixierungen Maßnahmen, die die körperliche Bewegungsfreiheit eines Patienten einschränken oder ihm diese entziehen. Die Fixierungen können zur Abwehr von Eigen- und Fremdgefahren erforderlich sein. Sie sind zulässig mit Einwilligung des Patienten oder mit gerichtlicher Genehmigung.

**Flüssigkeitszufuhr, Abbruch:** Der Mensch kann längere Zeit ohne Nahrung überleben, ohne Flüssigkeitszufuhr aber höchstens etwa sechzehn Tage lang. Wird nur die Ernährung eingestellt, aber weiter Flüssigkeit gegeben, tritt Unterernährung (»Auszehrung«) ein mit der Folge u. a. des Auftretens von Druckgeschwüren und mangelhafter Wundheilung. Wenn die Entscheidung für den Abbruch von Behandlung und Ernährung getroffen worden ist, sollte auch der Abbruch der

6 Siehe auch Verrel, Fn. 261.

Flüssigkeitszufuhr erfolgen. Der Abbruch nur der Ernährung wäre inkonsequent, weil der Sterbevorgang entsprechend dem Patientenwillen eingeleitet ist und durch weitere Flüssigkeitszufuhr entgegen dem Patientenwillen nur verlängert wird (siehe auch Seite 32).

Meist wird gesagt, man dürfe niemanden verdursten lassen, weil Verdursten qualvoll und grausam sei. Alle medizinischen und pflegerischen Stellungnahmen gehen aber übereinstimmend dahin, dass der Patient, der das Trinken ablehnt oder bewusstlos ist, kein Durstgefühl und bei ausbleibender Flüssigkeitszufuhr keine Schmerzen hat. Im Zustand der *Bewusstlosigkeit* können Gefühle von Hunger und Durst nicht mehr wahrgenommen werden. Eine bewusste Wahrnehmung ist die notwendige Voraussetzung für ein Leiden unter Hunger und Durst. Bei *Sterbenden* führen eine »fortgeschrittene Dehydrierung und Hunger zu keinen Schmerzen«.[7] Das entspricht der Erfahrung, wonach Patienten im Terminalzustand erst die Nahrung verweigern, danach das Trinken. Daraus folgt, dass sie kein Hunger- oder Durstgefühl mehr haben, folglich unter Hunger und Durst auch nicht leiden können.

Der Abbruch der Flüssigkeitszufuhr hat außerdem eine euphorisierende, leidenslindernde Wirkung durch Verdämmern/Einschlafen wegen Aussetzens der körperlichen Funktionen und der Freisetzung körpereigener Morphine (Endorphine) mit zunehmender Austrocknung.[8] Das kann durch Gabe von Morphinen ergänzt werden. Im letzten Stadium der Erkrankung können der Flüssigkeitsmangel und reduzierte Ernährung den Sterbeprozess auf natürliche Weise sinnvoll unterstützen und erleichtern (durch Verringerung der Urinproduktion, Linderung der Symptome der Herzinsuffizienz, Heilung von Ödemen und der erheblichen Erleichterung der Basispflege, Kolb, S. 59). Der Patient macht den Eindruck friedlichen Einschlafens. Er stirbt wegen ausbleibender Flüssigkeit ohne Durstempfinden.

Das Trinken kann im Gegenteil zu einer Belastung werden oder unnötige Schmerzen zur Folge haben (z.B. Atemnot wegen Wasseransammlung in der Lunge). In der Finalphase sollten eine Ernährung und Flüssigkeit nicht angeboten, ggf. abgebrochen werden.

Anzeichen für Schmerzen bei dementen oder bewusstlosen Patienten sind rasche Atmung, rascher Puls, Schwitzen, unkontrolliertes Stöhnen, Rufen und ein angespannter Gesichtsausdruck.[9]

7 Husebo/Klaschik, S. 77–79; Wettstein u.a., S. 55; Borasio, S. 108.

8 So auch die Sachverständigen in LG Ellwangen, FamRZ 2004, 732, 734; Synofzik/Marckmann, DÄBl. 2005, A 2079, A 2081.

9 Sandgathe-Husebo, in: Husebo/Klaschik, S. 77, 397, 398.

**Füttern:** Es ist weitgehend verpönt, von »Füttern« zu sprechen. Stattdessen werden die Worte »Essen reichen«, »Esseneingeben« (Kolb, S. 18) oder »Einlöffeln« gebraucht. Die Inhalte von »Füttern« und »Essen reichen« sind aber nicht gleich, sondern sie beschreiben unterschiedliche Sachverhalte. »Essen reichen« bedeutet, dass dem Betroffenen das Essen angereicht oder hingestellt wird, und er danach die Nahrung selbst zu sich nimmt. Kann der Kranke aber die Nahrung nicht selbst in den Mund führen, dann reichen das Anreichen und Hinstellen nicht aus. Zusätzlich muss jemand noch die Nahrung in den Mund eingeben. Das nennt man herkömmlich »Füttern«. Muss ein Betroffener gefüttert werden, sind seine Defizite erheblich größer, als wenn ihm das Essen nur hingestellt werden muss. Dieser Unterschied sollte festgehalten werden, weil sich daraus Unterschiede für die Betreuungs- und Pflegebedürftigkeit ergeben.

**Gastrostomie:** Operative Öffnung des Magens zur Anlage einer äußeren Magenfistel (Röhre, die von einem inneren Organ nach außen führt).

**Gedächtnis:** Es gibt ein Ultrakurzzeitgedächtnis, ein Kurzzeitgedächtnis und ein Langzeitgedächtnis. Im Ultrakurzzeitgedächtnis bleiben die Informationen nur einige Sekunden lang (die Angaben differieren zwischen 2 und 20 Sekunden). Ein Bruchteil der Informationen wird aus dem Ultrakurzzeitgedächtnis herausgefiltert und gelangt in das Kurzzeitgedächtnis. Dort bleiben die Informationen einige Minuten lang, werden erneut gefiltert und wiederum nur ein Bruchteil gelangt in das Langzeitgedächtnis.

Von Störungen wird zuerst das Kurzzeitgedächtnis befallen (»Merkfähigkeit«). Der Kranke weiß nach kurzer Zeit nicht mehr, ob er schon gegessen, getrunken oder seine Medikamente eingenommen hat. Im Verlauf der Krankheit lässt auch das Langzeitgedächtnis nach, wobei die jüngeren Erlebnisse und Beobachtungen zuerst vergessen werden. Deshalb erkennt der Kranke z. B. seine Wohnung und seine Ehefrau nicht mehr, erinnert sich aber wohl noch an Geschehnisse aus seiner Jugend.

**Gefäße, Blutgefäße:** In der Medizin werden Adern als Gefäße bezeichnet. Adern sind Arterien (vom Herzen weggehende Strömungsrichtung) und Venen (zum Herzen gehende Strömungsrichtung). Auch die Kapillaren sind medizinisch »Gefäße«.

**Gehirn:** Das Gehirn mit einem Gewicht von etwa 1,5 kg und etwa 2 Prozent des Körpergewichts verbraucht etwa 20 Prozent des über die Lunge aufgenommenen Sauerstoffs und ca. 20 Prozent der im gesamten Körper verbrauchten Energie. Bleibt das Gehirn vier bis sieben Minuten ohne Sauerstoffzufuhr, beginnen Gehirnzellen abzusterben.

**Gehirnschlag:** siehe »Apoplex«.

**Gesetzlicher Vertreter:** Der vom Gericht bestellte Betreuer.

**Herzinfarkt (Myokardinfarkt):** Der Herzmuskel oder Teile davon können sich nicht mehr zusammenziehen, sodass das Blut nicht mehr durch den Körper gepumpt werden kann. Ursache ist ein Verschluss der Herzkranzgefäße, die den Herzmuskel mit Blut versorgen, weshalb der hinter dem Verschluss liegende Teil des Herzmuskels nicht mehr mit Sauerstoff und Nährstoffen versorgt werden kann. Wird der Verschluss nicht beseitigt, stirbt der nicht durchblutete Teil des Herzmuskels ab.

Nach einem Herzinfarkt bestehen meist diese Symptome: Plötzlicher, unerträglicher Brustschmerz, der u. a. in den linken Arm ausstrahlt, Übelkeit, Erbrechen, kalter Schweiß, Luftnot, Schwindel, blasse Gesichtsfarbe, starke Beklemmung und Angstgefühle. Ähnliche Beschwerden haben die Patienten oft schon Tage vorher gehabt, siehe TIA.

**Herzinsuffizienz:** Herzmuskelschwäche. Die Folge ist, dass der Körper, auch das Gehirn, nur noch unzureichend mit Blut versorgt wird. Die häufigste Ursache ist eine durch Arteriosklerose der Herzkranzarterien (die koronare Herzkrankheit) verursachte Mangeldurchblutung.

**Hirnatrophie:** Gehirnschwund. Schwund der Hirnmasse.

**Hirnorganisches Psychosyndrom** (in ärztlichen Stellungnahmen auch als **HOPS** abgekürzt)**:** Es besteht in einer Hirnleistungsschwäche. Es sind die gleichen Störungen wie bei einer Demenz. HOPS ist ein anderes Wort für Demenz und wird gebraucht, wenn die zugrunde liegende Krankheit nicht feststeht. Beim Vorliegen eines HOPS muss nach der zugrunde liegenden Krankheit gesucht werden.

**Hirntod:** Unumkehrbarer Ausfall aller Hirnfunktionen. Der Hirntod gilt medizinisch und juristisch als Zustand des Todes. Erst nach Eintritt des Hirntodes ist eine Organentnahme zu Transplantationszwecken zulässig. Durch künstliche Beatmung usw. können die Organe für kurze Zeit funktionsfähig gehalten werden, damit sie transplantationsfähig bleiben.

**Hospiz:** Pflegeeinrichtung, in der schwerstkranke und sterbende Menschen mit begrenzter Lebenserwartung und mit nicht heilbaren und weit fortgeschrittenen Erkrankungen in einer Art häuslichem Umfeld umfassend versorgt werden. Im Vordergrund steht die Linderung von Schmerzen und Leiden. Das Ziel ist ein friedliches und beschwerdefreies Sterben. Wegen der fachkundigen Mitarbeiter, der besonderen Kenntnisse in der Schmerzlinderung, der Schaffung einer spezifischen Umgebung und des Einsatzes ehrenamtlicher Helfer sind der Aufenthalt in einem Hospiz oder eine ambulante Hospizhilfe eine optimale Sterbebegleitung.

**Hungerstreik:** Nach § 101 StVollzG ist eine Zwangsernährung von Gefangenen »nur bei Lebensgefahr« oder »schwerwiegender Gefahr für die Gesundheit des Gefangenen« zulässig. Eine Verpflichtung zur Zwangsernährung besteht nicht, »solange von einer freien Willensbestimmung des Gefangenen ausgegangen werden kann«.

**Hypoxie, hypoxisch:** Sauerstoffmangel in den Geweben. **Hypoxischer Hirnschaden**: Absterben von Gehirnzellen durch Sauerstoffmangel (z. B. nach Kreislaufstillstand).

**Indikation:** Kennzeichen, Merkmal. Die Gründe und Umstände, durch die die Anwendung einer bestimmten medizinischen Behandlung angezeigt ist.

**Indiziert:** Angezeigt. Medizinisch notwendig oder zumindest sinnvoll.

**Infarkt:** Durch eine Verengung oder einen Verschluss von Arterien wird die Versorgung eines Gewebes mit Sauerstoff unterbrochen, weshalb das Gewebe hinter der verstopften Stelle abstirbt. Je nach Organ kommt es z. B. zu einem Herz-, Hirn- oder Lungeninfarkt. Ein Infarkt entsteht auch durch Austreten von Blut aus Adern in Gewebe, wodurch das Gewebe zerstört wird (hämorrhagischer Infarkt).

**Infaust:** Aussichtslos, hoffnungslos, z. B. »infauste Prognose«.

**Inkontinenz:** Unfähigkeit, Stuhl- und Harnabgang zu kontrollieren.

**Insuffizienz:** Ungenügende, verminderte Funktion oder Leistung eines Organs.

**Insult:** Ein Anfall, ein »Schlaganfall«. Es gibt **ischämische Insulte** (ausbleibende Blutversorgung) und **hämorrhagische Insulte** (es tritt Blut aus). Siehe auch »Apoplex«.

**Intensivmedizin:** Intensivmedizinische Maßnahmen wie die Reanimation können lebensbedrohliche Situationen erfolgreich überbrücken und sind oft lebensrettend. Wegen der Fortschritte der Intensivmedizin können auch sehr alte Menschen z. B. optimal operiert und intensivmedizinisch behandelt werden. Wenn also jemand auf einer Intensivstation an »Schläuchen und Kabeln« hängt, kann das der Anfang einer erfolgreichen, sinnvollen Krankheitsbewältigung sein.

**Invasiv:** In Organe oder Gewebe eindringend.

**Irreversibel:** Nicht umkehrbar.

**Ischämie, ischämisch:** Örtliche, vorübergehende oder anhaltende Blutleere eines Gewebes. Das Gewebe wird nicht mehr oder unzureichend mit Blut versorgt (z. B. weil eine Ader verstopft ist). Im Gehirn führt Ischämie zum **ischämischen Infarkt** (synonym auch: ischämischer Insult, Schlaganfall oder Hirninfarkt). Wegen der unterbleibenden Sauerstoff- und Nährstoffzufuhr stirbt das unversorgte Gewebe ab. Ab etwa vier Minuten ausbleibender Sauerstoffzufuhr treten schwere Hirnschädigungen ein, siehe auch »Apoplex«.

**Kardiovaskulär:** Herz und Gefäße betreffend. Siehe auch »Vaskuläre Demenz«.

**Koma:** Eine tiefe Bewusstlosigkeit. Das Koma ist einer Narkose vergleichbar. Die Augen des Patienten sind geschlossen. Der Patient reagiert evtl. auf Außen- und Schmerzreize, ist aber nicht mehr zu wecken. Ursache für ein Koma sind z. B. Schlaganfall, Herzstillstand, Kopfverletzungen und Vergiftungen. Bei einem **Wachkoma** besteht ebenfalls eine tiefe Bewusstlosigkeit, es sind aber Zeichen von Wachheit wie z. B. Greifreflexe und Reflexe auf Pflege vorhanden. Der Wachkoma-Patient hat evtl. die Augen geöffnet, fixiert aber trotz geöffneter Augen nicht und stellt keinen Blickkontakt her. Fährt man mit der Hand über seine geöffneten Augen, reagieren die Lider nicht (bei Gesunden schließen sich die Augen reflexartig). Mit dem komatösen Patienten kann kein Kontakt hergestellt werden. Ein bewusstes Wahrnehmen und Empfinden gilt als sehr unwahrscheinlich. Mimische Äußerungen (Lächeln, Grimassieren), Muskelzuckungen und Laute sollen nicht bewusste, sondern nur instinktive Reflexe auf Reize oder unwillkürliche Automatismen sein.

**Kontraindikation, kontraindiziert:** Gegenanzeige. Ein Umstand, der gegen die Anwendung bestimmter Mittel oder Behandlungen spricht.

**Kontraktur:** Langsam entstehende, unwillkürliche, dauerhafte Muskelverkürzung. Kontrakturen führen zu Versteifungen und Fehlstellungen der Gelenke. Die Bewegungsfähigkeit ist hochgradig eingeschränkt bis hin zur Bewegungsunfähigkeit. Der Patient kann dann z. B. Arme und Beine nicht mehr strecken, nicht mehr laufen, seine Hände nicht mehr zum Mund und zum Kopf führen.

**Koronare Herzkrankheit (KHK):** Eine Mangeldurchblutung des Herzmuskels mit der Folge eines Sauerstoffdefizits. Ursache ist meist eine Arteriosklerose der Herzkranzarterien oder ein kompletter Verschluss (durch Thrombus).

**Künstliche Beatmung:** Die künstliche Beatmung erfolgt entweder durch Intubation, durch eine Mund-Nasen-Maske oder einen Helm. Bei Abbruch der künstlichen Beatmung ist mit entsprechender Medikation ein sanfter Tod möglich.

**Künstliche Ernährung:** Die künstliche Ernährung kommt infrage bei Patienten, die gar nicht mehr oder nicht mehr genügend selbst essen oder trinken können. Die Folge von nicht ausreichender Ernährung oder von Mangelernährung (z. B. zu wenig Mineralstoffe oder Vitamine) sind Unterernährung und Austrocknung mit der Folge von Gewichtsverlust, Schwäche, Muskelschwund, Sturzneigung, Infektanfälligkeit durch Schwächung des Immunsystems, Verwirrtheit, Wundheilungsstörungen, Dekubiti und letztlich Verhungern und Verdursten.

Solange die Patienten schlucken können, müssen alle Formen einer bedarfsdeckenden oralen Ernährung genutzt werden. Schluckt der Patient nicht genug, muss versucht werden, eine bedarfsdeckende Ernährung durch *Erhöhung der Energiedichte* zu erreichen (Einrühren von Sahne, einweißreiche Diät usw.). Verschiedene Hersteller bieten Flüssigkeitsdiäten mit hoher Energiedichte an, sodass bereits mit dem Trinken eine hohe Nährstoffzufuhr erfolgen kann. Eine höhere Energiedichte allein reicht freilich nicht aus, da eine *ausreichende Flüssigkeitszufuhr* unverzichtbar ist. Mit der Sondenkost können notwendige Medikamente verabreicht werden.

Die künstliche Ernährung kommt weiter infrage bei Patienten, die sich *verschlucken* (aspirieren). Die Folge eines Verschluckens von Speisen oder Getränken kann eine Lungenentzündung sein (Aspirationspneumonie), die gerade im Alter lebensgefährlich sein kann.

Die künstliche Ernährung hat immer wieder *große Erfolge*. Ausreichende Ernährung und Zuführung von Flüssigkeit (!) führen immer wieder dazu, dass Patienten wieder zu Kräften kommen. Die Folge der Verbesserung des körperlichen Zustandes ist dann oft, dass Betroffene wieder laufen, sitzen, sprechen, sich verständigen können und nicht mehr inkontinent sind. Insbesondere wegen ausreichender Flüssigkeitszufuhr werden sie oft wieder bewusstseinsklarer und Verwirrtheitszustände bilden sich zurück.

Auch bei aussichtslos scheinenden Krankheitsbildern sollte nach derartigen Erfahrungen der Versuch der Besserung des Krankheitszustandes durch eine künstliche Ernährung gemacht werden. Die künstliche Ernährung auf Dauer erfolgt über eine PEG-Sonde, siehe »PEG-Sonde«. Zur fehlenden Indikation einer künstlichen Ernährung siehe Seite 76.

**Kurativ:** Heilend; auf Heilung ausgerichtet.

**Lungenentzündung,** siehe »Pneumonie«.

**Magersucht** (Anorexia nervosa): Betroffen sind in der Regel Mädchen und Frauen im Alter von 15 bis 35 Jahren. Sie wollen eine (weitere) Gewichtsabnahme. Das geschieht u. a. durch Fasten, künstlich herbeigeführtes Erbrechen und gleichzeitige Einnahme von Abführ- (Laxanzien) und Entwässerungsmedikamenten (Diuretika) sowie Appetitzüglern. Hauptursache für die Magersucht soll das in den Medien angepriesene Schlankheitsideal sein, das auch für Erfolg und Glück steht.

Die Folge der Magersucht sind u. a. nachlassende Leistungsfähigkeit, Rückzug aus sozialen Beziehungen, Blutbildveränderungen und Vitaminmangel-Syndrome. Die Schäden können schwerwiegend und lebensbedrohlich sein.

Drohen schwerwiegende Schäden, ist der Widerspruch der Magersüchtigen gegen eine Ernährung unbeachtlich, weil die Nahrungsverweigerung krankheitswertig ist. Die fehlende Urteilsfähigkeit ist darin zu sehen, dass trotz der unmittelbar drohenden Gesundheitsgefahr die Gewichtsreduzierung fortgesetzt wird. Die Patientinnen erkennen weder die sichtbare Verfehlung des Schönheitsideals noch die fatalen Folgen ihres Hungerns. Drohen schwere Schäden, ist mit gerichtlicher Genehmigung eine stationäre Behandlung auf einer geschlossenen Abteilung zulässig (OLG Hamm, JMBlNW 1962, 167), notfalls mit künstlicher Ernährung. Nur auf einer geschlossenen Abteilung kann die ausreichende Ernährung, das Unterlassen von Erbrechen und die Nichteinnahme der genannten Medikamente kontrolliert werden.

**Maligne:** Bösartig.

**Medizin, Kosten:** Der wesentliche Grund für den Anstieg der Kosten des Gesundheitswesens ist der medizinische Fortschritt. Gäbe es die Lebensverlängerung nicht, würden viele Krankheiten nicht auftreten, weil die Menschen vorher gestorben wären. So ist die Häufung von Schlaganfall, Herzinfarkt und Tumoren heute die Folge der höheren Lebenserwartung. Zum anderen besteht der medizinische Fortschritt in neuen Diagnosemöglichkeiten (z. B. Kernspintomografie, Sonografie, Nuklearmedizin, Endoskopie) und neuen Therapien (z. B. Transplantationen, Blutwäsche, Bypässe, erfolgreiche Krebsbehandlung, künstliche Hüft- und Kniegelenke, neue Medikamente). Diese neuen Diagnosemöglichkeiten und Therapien sind um ein Vielfaches teurer als alle herkömmlichen medizinischen Techniken. Wäre die Medizin heute wie vor 100 Jahren, hätten die Kosten z. B. im Jahr 1996 nicht ca. 400 Mrd. DM betragen, sondern nur 4 Mrd. DM (Krämer, FAZ v. 19.1.1996). Hinzu kommen Schädigungen durch den Wohlstand.

**Metabolisches Syndrom:** Auch »tödliches Quartett« genannt. Beim metabolischen Syndrom liegen vier Krankheiten gleichzeitig vor: Diabetes mellitus, Bluthochdruck, Übergewicht und Fettstoffwechselstörungen. Das Metabolische Syndrom ist in der Regel Folge ungesunder Lebensweise (u. a. Bewegungsmangel, Fehlernährung, Überernährung und Alkoholkonsum).

**Metastase:** Tochtergeschwulst eines Krebsleidens. Sie entsteht, wenn Tumorzellen aus dem ursprünglichen Krankheitsherd auf andere Körperregionen übergreifen.

**Myokard:** Herzmuskel. **Myokardinfarkt**: Herzinfarkt. Untergang eines Gewebebezirks des Herzmuskels nach Unterbrechung der Blutzufuhr. Siehe auch »Herzinfarkt«.

**Natrium-Pentobarbital:** In einer Dosierung bis 100 mg ist Natrium-Pentobarbital ein Schlafmittel. In »hoher Dosierung führt dieses Mittel zu einem sicheren, vom Einnehmenden allerdings schon nicht mehr wahrgenommenen Tod«. Nach wenigen Minuten wird das Bewusstsein ausgeschaltet und nach ca. zehn Minuten tritt die tödliche Atemlähmung ein, die der Patient wegen seiner Bewusstlosigkeit nicht mehr wahrnehmen kann. Die tödliche Dosis sind im Regelfall 3 g. Die *Ärztin T.* hatte 10 g getrunken (aus: BGH, NJW 2001, 1802, siehe auch Seite 89).

**Natürliches Sterben:** Das natürliche Sterben ist gekennzeichnet durch weniger Essen und Trinken, Antriebslosigkeit, Liegenbleiben im Bett und längeres Schlafen. Oft spürt der Mensch, dass es seinem Ende zugeht. Er »beschließt« dann zu sterben. Im Terminalstadium verweigern die Patienten von sich aus die Nahrungsaufnahme. Das bedeutet, dass sie Hunger und Durst nicht mehr empfinden, folglich unter Hunger und Durst auch nicht leiden können (siehe auch »Flüssigkeitszufuhr, Abbruch« und »Ernährung, Abbruch«). Die Patienten sollten dann nicht mehr zum Aufstehen, zum Essen und Trinken gedrängt werden. Leiden und Schmerzen müssen behandelt werden.

**Obduktion:** Die Öffnung einer Leiche zur Klärung der Todesursache.

**Palliativ:** Schmerzlindernd. Linderung der Symptome, wenn die Grunderkrankung nicht mehr geheilt werden kann.

**Parenterale Ernährung, parenteral:** »Außerhalb des Darms«. Sie ist eine Ernährung unter Umgehung des Magen- und Darmtraktes. Über Infusionen und Injektionen wird künstliche Nahrung und Flüssigkeit direkt in die Venen gegeben. Bei parenteraler Ernährung verkümmern wichtige Funktionen des Darms und des Immunsystems. Wegen dieser und anderer Nachteile sollte die parenterale Ernährung nur erfolgen, wenn die Verdauungsorgane umgangen werden müssen.

**Parese:** Unvollständige Lähmung.

**Parkinson-Krankheit**, **Morbus Parkinson** (ugs. »Schüttellähmung«): Der Gesichtsausdruck der Patienten ist maskenhaft, starr und ausdruckslos (»Maskengesicht«). Die Sprache ist leise und schwer verständlich, es fehlt eine begleitende Gestik. Typisch sind die nach vorn gebeugte Kopf- und Körperhaltung und angewinkelte Arme. Der Gang ist schlürfend und kleinschrittig. Der Eindruck ist der einer greisenhaften Haltung. Ein schnelles Starten oder plötzliches Anhalten sind erschwert bis unmöglich. Den Patienten fällt es schwer, eine Bewegung überhaupt in Gang zu bringen. Sie haben Mühe, das Gleichgewicht zu halten, weshalb Parkinsonpatienten häufig stürzen. Die feinmotorische Geschicklichkeit im Alltag (Kleidung öffnen und schließen, Schuhbänder zubinden, Zähne putzen, sauber essen) ist beeinträchtigt. Die Schrift wird kleiner und krakelig. Im Ruhezustand zittern Hände und Füße (Ruhetremor). Die Patienten versuchen, den Tremor durch Festhalten der Hände zu beherrschen und zu verbergen. Bei Bewegung lässt das Zittern nach. Die Krankheit kann mit heutigen Therapien nicht geheilt werden. Allerdings sind in letzter Zeit Medikamente entwickelt worden, die die Symptome erheblich lindern. Therapien sind Gymnastik, Logopädie und Ergotherapie, um die Selbstständigkeit nach Möglichkeit zu erhalten.

**Paternalistisch:** Fürsorglich bevormundend.

**PEG-Sonde:** Perkutane, endoskopisch gelegte Gastrostomie. Ein Endoskop wird durch die Speiseröhre in den Magen geführt. Das Endoskop hat an seiner Spitze eine Lampe, deren Schein auf der Bauchwand die Lage des Magens anzeigt. Dann wird ein dünner Schlauch, die Ernährungssonde, durch die Bauchdecke in den Magen gezogen. Über diese Ernährungssonde kann der Patient mit Nahrung, Flüssigkeit und Medikamenten versorgt werden. Das Legen der PEG-Sonde und die Versorgung mit Nahrung und Flüssigkeit über diese PEG-Sonde sind sicher und komplikationsarm. Die Ernährung über eine PEG-Sonde ist zeitlich unbegrenzt möglich, sodass sie für eine Langzeiternährung am besten geeignet ist. Die Sondenkost selbst ist eine perfekte Nahrung (»Astronautennahrung«). Das bedeutet, dass sich wegen dieser Sondenkost der körperliche Zustand des Patienten oft nachhaltig stabilisiert, oft sogar deutlich bessert und der Patient an körperlicher Kraft gewinnt. Die Patienten blühen oft auf. Der Patient kann trotz der PEG-Sonde normal essen und trinken. Die Ernährung über den Magen verhindert ein Verkümmern des Magen- und Darmtraktes. Durch eine Sondenernährung kann oft eine Unterernährung verhindert werden. Siehe auch »Künstliche Ernährung«. Zur fehlenden Indikation siehe Seite 76.

Das erstmalige Legen einer PEG-Sonde ist nach diesseitiger Auffassung oft sinnvoll, weil zu diesem Zeitpunkt der Krankheitsverlauf und auch die möglichen positiven Folgen der künstlichen Ernährung nicht sicher absehbar sind. Steht nach einigen Monaten fest, dass Krankheit und Bewusstlosigkeit unumkehrbar sind und ein Zustand des Dahinvegetierens eingetreten ist, ist zu prüfen, ob noch eine Indikation für die Fortsetzung der künstlichen Ernährung besteht und wenn ja, ob die Voraussetzungen einer Patientenverfügung eingetreten sind. Kritisiert wird, PEG-Sonden würden zu schnell gelegt, weil sie arbeits- und zeitsparender sind als ein Füttern. Gegen das Legen einer PEG-Sonde wird weiter eingewandt, dass es zu einer Verkümmerung der Mund-, Zungen- und Kiefernmuskulatur und des Geschmackssinn führe. Weil das zeitaufwendigere Esseneingeben entfalle, würden nur noch die Sondenkostbeutel zügig ausgewechselt, sodass eine Zuwendung entfalle. Die Lebensqualität durch Essen und Trinken einer natürlichen Kost gehe verloren.

**Pneumonie:** Lungenentzündung. Die Lungenentzündung ist die zweithäufigste Infektionskrankheit im Krankenhaus. Alte Menschen sind besonders gefährdet, an einer Lungenentzündung zu erkranken, da im Alter die Belüftung der Lunge schlechter wird (u. a. infolge nur oberflächlicher Atmung wegen fehlender/geringerer Bewegung). Eine **Aspirationspneumonie** entsteht, wenn Nahrung oder Flüssigkeit in die Lunge gelangen und dort eine Entzündung hervorrufen. Gefährdet sind Menschen mit Schluckstörungen (z. B. nach Schlaganfall), Bewusstseinsstörungen, Verwirrheit und Sedierung. In diesen Fällen kann eine künstliche Ernährung erforderlich sein.[10]

**Reanimation:** Wiederbelebung. Sie ist die notfallmäßige Sofortbehandlung nach plötzlichem Herz-, Kreislauf- oder Atemstillstand (siehe auch »Intensivmedizin«).

Die Folge von Herz-, Kreislauf- oder Atemstillstand ist ein Ausbleiben der Sauerstoffversorgung. Bleibt das Gehirn länger als vier bis sechs Minuten und das Herz länger als 15 bis 30 Minuten ohne Sauerstoffzufuhr, sterben die nicht mit Sauerstoff versorgten Areale irreparabel ab. Die Folge sind schwerste Schädigungen wie z. B. Koma, Lähmung und/oder Sprechunfähigkeit. Obwohl heute die notfallmäßige Versorgung flächendeckend ausgebaut ist, können trotzdem viele Patienten erst nach Ablauf von zu vielen Minuten intensivmedizinisch versorgt werden. Daher überleben wegen der Reanimationsmedizin mehr Menschen als früher Unfälle, Herzstillstand usw., allerdings oft nur mit den genannten, irrepa-

10 Nach Wettstein u. a. (S. 137, 138) ist die Pneumonie ein »Freund des Betagten«, weil das Sterben an dieser kurzen und schmerzfreien Krankheit die »Entwürdigung des Zerfalls erspare«. Die pneumoniebedingte Eintrübung des Bewusstseins, insbesondere die dabei erwünschte Dehydratation, verhindere meist subjektives Leiden.

rablen Dauerschäden. Der Körper überlebt, der Mensch wird mit schwerem Hirnschaden zu einem Dauerpflegefall.[11]

**Reflex:** Unwillkürliche Reaktion auf einen Reiz.

**Remission:** Nachlassen der Krankheitszeichen. Sie ist nicht zwingend eine Heilung.

**Reversibel:** Umkehrbar, rückbildungsfähig.

**Rezidiv:** Rückfall. Ein Wiederauftreten der Krankheit nach einer Heilung. **Rezidivierend**: Wiederkehrend.

**Schlaganfall,** siehe »Apoplex«.

**Sedativa:** Beruhigungsmittel. Ruhigstellende, meist auch müde machende Medikamente.

**Sedierung (Sedation):** Müde machende Beruhigung, z. B. mithilfe von Medikamenten.

**Sterbehilfe:** Sammelbezeichnung für alle Maßnahmen, die den Tod eines Menschen eher herbeiführen bzw. nicht verhindern, z. B. die aktive Sterbehilfe, Tötung auf Verlangen, Behandlungsabbruch bei Sterbenden (= »passive Sterbehilfe«), Behandlungsabbruch bei Dauerbewusstlosigkeit (= »passive Sterbehilfe in weiterem Sinn«), Behandlungsabbruch bei Demenz, Schmerztherapie mit Sterberisiko (= indirekte Sterbehilfe) und Beihilfe zum Suizid.

**Sterbender:** Ein Patient ist Sterbender, wenn eine oder mehrere vitale Funktionen (z. B. Herz, Kreislauf, Atmung) unumkehrbar versagen, der Tod in kurzer Zeit eintreten wird und nicht mehr aufgehalten werden kann.

**Sterbephase:** Die Sterbephase sind die letzten Stunden oder Tage des Lebens. Symptome sind ausgeprägte Schwäche, Bettlägerigkeit, Schmerzen, Übelkeit, Erbrechen, Unruhe, Angst, Verwirrtheit, schwindendes Interesse an Nahrungs- und Flüssigkeitsaufnahme, Atemnot mit Erstickungsgefühl und geräuschvolle

11 Die Patientin im »Kemptener Fall« war 12 bis 15 Minuten nach ihrem Herzstillstand reanimiert worden. Sie hat ihr Bewusstsein nicht mehr zurückerlangt.

Atmung (»Rasselatmung«). Die medizinische Nomenklatur unterscheidet zwischen Sterbephase und Terminalphase (siehe dort).

**Sucht:** Das zwanghafte Bestreben, mithilfe einer Substanz einen bestimmten psychischen Effekt zu erreichen.

**Suffizient:** Genügend, ausreichend.

**Suizid:** Selbsttötung, Freitod.

**Symptom:** Anzeichen, Zeichen einer Krankheit, Krankheitszeichen.

**Syndrom:** Eine Gruppe gleichzeitig auftretender Krankheitssymptome.

**Synonym:** Gleichbedeutend. Bedeutungsgleiches Wort.

**Terminalphase:** Phase einer unheilbaren Krankheit vor dem Tod. In der medizinischen Terminologie zieht sich die Terminalphase über Wochen bis Monate hin, bevor sie in die Sterbephase übergeht.

**Therapiezieländerung:** Weil die Indikation für den Beginn oder die Fortsetzung medizinischer Maßnahmen fehlt, wird die Krankheit selbst nicht mehr behandelt, sondern es wird nur noch das Leiden gelindert. Der Sterbevorgang wird zugelassen. Siehe auch Seite 76.

**Thrombose:** Eine Thrombose ist der Verschluss einer Arterie oder Vene durch ein Blutgerinnsel (Thrombus). Verstopft dieses Gerinnsel Adern, wird das dahinter liegende Gewebe nicht mehr mit Sauerstoff und Nährstoffen versorgt.

**Transitorische ischämische Attacke (TIA):** Eine vorübergehende Minderdurchblutung des Gehirns. Die Folge sind akut auftretende, flüchtige Erscheinungen wie Schwindel, halbseitige Lähmung, Seh- und Sprachstörungen. Sie können nach wenigen Stunden verschwinden. Bis zu 15 Prozent der Menschen, die eine TIA erlitten haben, erleiden innerhalb der nächsten drei Monate einen Schlaganfall. Eine TIA sollte als ein Vorbote eines Schlaganfalls unbedingt ernst genommen werden. Es muss eine medizinische Abklärung erfolgen.

**Trauma:** Körperliche oder psychische Verletzung durch Gewalteinwirkung.

**Tremor:** Muskelzittern.

**Turgor:** Der Hautturgor ist ein Anzeichen für eine Austrocknung (Exsikkose) des Patienten. Wird die Haut zwischen zwei Fingern gefaltet und losgelassen, bleibt bei Austrocknung die Hautfalte stehen. Bei ausreichendem Flüssigkeitsgehalt des Gewebes verschwindet die Falte meist. Der Hautturgor kann seine Ursache aber auch in einer altersbedingten Veränderung des Bindegewebes haben.

**Valide:** Gültig, rechtsgültig.

**Vaskulär:** Gefäße betreffend.

**Vaskuläre Demenz:** Synonym auch: Multiinfarktdemenz oder hirnorganisches Psychosyndrom vaskulärer Genese. Sie hat ihre Ursache in Gefäßschädigungen oder -verengungen im Gehirn (»zerebrale Gefäßschädigungen«), die zu einer Minderdurchblutung des Gehirns und damit zu Sauerstoff- und Nährstoffmangel führen, sodass das unversorgte Gewebe abstirbt. Die Folge sind geistige Einbußen (Demenz). Der größte Teil der vaskulären Demenzen ist arteriosklerotisch bedingt als Folge von Bluthochdruck, Diabetes und Rauchen.

**Vegetative Funktionen:** Atmung, Kreislauf, Stoffwechsel.

**Vitalfunktionen:** Es sind die Körperfunktionen, die für das Weiterleben des Organismus (die Aufrechterhaltung des vegetativen Zustandes) notwendig sind. Vitalfunktionen sind Atmung, Herzkreislauf und Stoffwechsel.

**Vormundschaftsgericht:** siehe »Betreuungsgericht«.

**Wachkoma:** siehe unter »Koma«.

**Zerebral:** Das Gehirn betreffend, zum Gehirn gehörend.

**Zerebralsklerose:** (Überholte) Sammelbezeichnung für schwere Durchblutungsstörungen des Gehirns. Synonym auch: »zerebrale Arteriosklerose«, »Hirnarterienverkalkung« oder »zerebrovaskuläre Insuffizienz«. Die Zerebralsklerose zeigt sich in Schwindel, Verwirrtheit, Desorientiertheit, Gedanken- und Konzentrationsstörungen, Unruhe, Ängsten und Wahnvorstellungen.

**Zerebrovaskulärer Insult:** Schlaganfall, bedingt durch ein verschlossenes oder gerissenes Gewebe.

# 5. Abkürzungen

| | |
|---|---|
| a.a.O. | am angegeben Ort |
| a. E. | am Ende |
| AG | Amtsgericht |
| BayObLG | Bayerisches Oberstes Landesgericht |
| BeurkG | Beurkundungsgesetz |
| BGB | Bürgerliches Gesetzbuch |
| BGH | Bundesgerichtshof |
| BGHSt | Entscheidungen des Bundesgerichtshofs in Strafsachen |
| BGHZ | Entscheidungen des Bundesgerichtshofs in Zivilsachen |
| BNotO | Bundesnotarordnung |
| BSG | Bundessozialgericht |
| BSHG | Bundessozialhilfegesetz |
| BtG | Betreuungsgesetz |
| BtBG | Betreuungsbehördengesetz |
| BtPrax | Betreuungsrechtliche Praxis |
| BVerfG | Bundesverfassungsgericht |
| DÄBl. | Deutsches Ärzteblatt |
| DMW | Deutsche Medizinische Wochenschrift |
| DRiZ | Deutsche Richterzeitung |
| EGMR | Europäischer Gerichtshof für Menschenrechte |
| f. | folgende |
| FamFG | Gesetz über das Verfahren in Familiensachen und in Angelegenheiten der freiwilligen Gerichtsbarkeit |
| FamRZ | Zeitschrift für das gesamte Familienrecht |
| FGG | Gesetz über die freiwillige Gerichtsbarkeit |
| Fn. | Fußnote |
| FPR | Familie Partnerschaft Recht |
| GesR | Gesundheitsrecht (Zeitschrift) |
| GNotK | Gerichts- und Notarkostengesetz |
| HeimG | Heimgesetz |
| i. d. R | in der Regel |
| JZ | Juristenzeitung |

| | |
|---|---|
| KostO | Kostenordnung |
| LG | Landgericht |
| MDR | Monatsschrift für Deutsches Recht |
| MüKo | Münchener Kommentar |
| n. F. | neue Fassung |
| nf. | nachfolgend (im selben Kapitel) |
| NJW | Neue Juristische Wochenschrift |
| NStZ | Neue Zeitschrift für Strafrecht |
| OLG | Oberlandesgericht |
| RGSt | Entscheidungen des Reichsgerichts in Strafsachen |
| RGZ | Entscheidungen des Reichsgerichts in Zivilsachen |
| Rn. | Randnummer |
| Rpfleger | Der Deutsche Rechtspfleger |
| s. a. | siehe auch |
| SGG | Sozialgerichtsgesetz |
| StGB | Strafgesetzbuch |
| StVollzG | Strafvollzugsgesetz |
| TPG | Transplantationsgesetz |
| ugs. | umgangssprachlich |
| VBVG | Vormünder- und Betreuervergütungsgesetz |
| VRegV | Verordnung über das Zentrale Vorsorgeregister v. 21.2.2005 |
| WamS | Welt am Sonntag |
| ZPO | Zivilprozessordnung |
| ZRP | Zeitschrift für Rechtspolitik |
| ZStW | Zeitschrift für die gesamte Strafrechtswissenschaft |

# 6. Literatur

*Albertz,* Am Ende des Weges, 1991
*Albrecht/Albrecht,* Die Patientenverfügung, 2009
*Améry,* Hand an sich legen, 11. Aufl. 2001
*Ankermann,* Sterben zulassen, 2004
*Anschütz/Wedler,* Suizidprävention und Sterbehilfe, 1996
*Arnold,* Letzte Hilfe, 2014

*Bayerisches Staatsministerium der Justiz,* Vorsorge für Unfall, Krankheit und Alter, 14. Aufl. 2013
*de Beauvoir,* Das Alter, 1972
*Bickhardt,* Der Patientenwille, 2012
*Bittler,* Patientenverfügung und andere Vorsorgemöglichkeiten, 6. Aufl. 2005
*Bonefeld,* Die Vorsorgemappe, 2005
*Borasio,* Über das Sterben, 2. Aufl. 2012
*Borasio,* selbst bestimmt sterben, 2014
*Borker,* Nahrungsverweigerung in der Pflege, 2002
*Breitscheidel,* Abgezockt und totgepflegt, 2005
*Burgheim,* Die Rechte der Sterbenden, 2006

*Callies/Müller-Dietz,* Strafvollzugsgesetz, 10. Aufl. 2005
*Chabot/Walther,* Ausweg am Lebensende, 4. Aufl., 2015
*Chabot/Admiraal* u. a., Wege zu einem humanen, selbstbestimmten Sterben, 4. Aufl. 2008
*Christliche Patientenvorsorge,* 2010
*Coeppicus,* Sachfragen des Betreuungs- und Unterbringungsrechts, 2000

*Damrau/Zimmermann,* Betreuungsrecht, 3. Aufl. 2001
*Deinert/Lüttgens,* Die Vergütung des Betreuers, 6. Aufl. 2012
*Deutscher Juristentag 2000,* Beschlüsse, Beilage zu NJW Heft 3/2001
*Dodegge/Roth,* Systematischer Praxiskommentar Betreuungsrecht, 4. Aufl. 2014
*Döhring,* Zu Hause leben oder im Altenheim, 1991

*Eckart/Forst/Burchardi,* Intensivmedizin, 2001
*Escher,* Die Vorsorge-Mappe, 2009

*Fischer,* StGB, 63. Aufl. 2016

*Förstl/Maelicke/Weichel,* Demenz, 2004

*Geckle,* Vorsorge und Patientenverfügung, 2009
*Godzik/Muschaweck,* Laßt mich doch zu Hause sterben!, 1989
*Göckenjan/Kondratowitz,* Alter und Alltag, 1988
*Grote/Völkel/Weyershausen,* Das Lexikon der prominenten Selbstmörder, 2000

*Hager,* Die Patientenverfügung (Tagungsband), 2005
*Hederich,* Mythologisches Lexikon, 1770
*Hiersche* in: 56. Deutscher Juristentag 1986
*Hirsch/Halfen,* Anspruch und Realität der rechtlichen Betreuung, 2003
*Höfling,* Das sog. Wachkoma, 2. Aufl. 2007
*Humphry,* In Würde sterben, 1992
*Husebo/Klaschik,* Palliativmedizin, 4. Aufl. 2006

*Jacobi, May, Kielstein, Bienwald,* Ratgeber Patientenverfügung, 4. Aufl. 2004
*Jens/Küng,* Menschenwürdig sterben, 1996
*Jens, Tilman,* Demenz, Abschied von meinem Vater, 2009
*Jürgens/Kröger/Marschner/Winterstein,* Betreuungsrecht kompakt, 7. Aufl. 2011
*Jürgens,* Betreuungsrecht, 5. Aufl., 2011

*Klaschik,* Palliativmedizin Praxis, 4. Aufl. 2008
*Klie/Student,* Die Patientenverfügung, 2001
*Knieper,* Patiententestament, 2001
*Klinger/Mohr/Roth/Schulte,* Patientenverfügung und Vorsorgevollmacht, 2005
*Knittel,* Betreuungsgesetz, 46. Ergänzungslieferung 2009
*Kolb,* Nahrungsverweigerung bei Demenzkranken, 3. Aufl. 2004
*Kramer, K. Meyer-Götz, H. Meyer-Götz,* Vorsorgeplaner, 2006
*Kuhlmann,* Sterbehilfe, 1995
*Kursbuch,* Das Alter, 2003

*Laufs/Uhlenbruck,* Handbuch des Arztrechts, 3. Aufl. 2002
*Lipp,* Handbuch der Vorsorgeverfügungen, 2009

*May,* Autonomie und Fremdbestimmung bei medizinischen Entscheidungen für Nichteinwilligungsfähige, 2000
*Meier, Borasio, Kutzer,* Patientenverfügung, 2005
*Müller/Renner,* Betreuungsrecht und Vorsorgeverfügungen in der Praxis, 2005
*Münchener Kommentar,* FamFG, 2. Aufl. 2013

*Palandt,* BGB, 75. Aufl. 2016

*Platz,* Die Vorsorgevollmacht, 2. Aufl. 2007
*Probst,* Betreuungs- und Unterbringungsverfahren, 2005
*Putz/Steldinger,* Patientenrechte am Ende des Lebens, 5. Aufl. 2014

*Raack/Thar,* Leitfaden Betreuungsrecht, 6. Aufl. 2014
de Ridder, Wie wollen wir sterben?, 2010
*Rixen/Reinecke,* Casebook Patientenverfügung, 2004

*Schönke/Schröder,* StGB, 29. Aufl. 2014
*Schreiber,* Das gute Ende, 1997
*Schüller, Die Alterslüge,* 1995
*Sonnenfeld,* Betreuungs- und Pflegschaftsrecht, 2. Aufl. 2001
*Spaemann/Hohendorf/Oduncu,* Vom guten Sterben, 2015
*Student,* Das Recht auf den eigenen Tod, 1993

*Taupitz,* Gutachten, in: Verhandlungen des 63. Dt. Juristentages, 2000
*Temsch,* Das wird schon wieder, 1996
*Tietze,* Ambulante Zwangsbehandlungen im Betreuungsrecht, 2005
*Tolmein,* Keiner stirbt für sich allein, 2006
*Trimborn von Landenberg,* Kontrolle und Durchsetzung von Vorsorgeverfügungen, 2008

*Uhlenbruck,* Selbstbestimmtes Sterben, 1997

*Verbraucherzentrale,* Patientenverfügung, 15. Aufl. 2012
*Verrel,* Patientenautonomie und Strafrecht bei der Sterbebegleitung, Gutachten zum 66. Deutschen Juristentag 2006
*Verrel/Simon,* Patientenverfügungen, 2010

*Wanzer/Glenmullen,* Gut Sterben, 2007
*Wellhöfer,* Selbstmord und Selbstmordversuch, 1981
*Wettstein/Conzelmann/Heiß,* Checkliste Geriatrie, 2. Aufl. 2001
*Winkler,* Vorsorgeverfügungen, 3. Aufl. 2007
*Wojnar/Perrar,* Ernährung in der häuslichen Pflege Demenzkranker, 7. Aufl. 2008

*Zimmermann,* Vorsorgevollmacht, Betreuungsverfügung, Patientenverfügung, 2007
*Zimmermann,* Ratgeber Betreuungsrecht, 10. Aufl. 2014
*Zimmermann,* Das neue FamFG, 2009

# 7. Schlagwortverzeichnis

Weitere Stichworte enthält das Lexikon, *siehe* S. 141.

## H



## I



## J



## K